I Avventur de Alìs
ind el Paes di Meravili

I Avventur de Alìs ind el Paes di Meravili

Del

Lewis Carroll

ILLUSTRAA DAL

JOHN TENNIEL

VOLTAA IN LOMBARD OCCIDENTAL DAL

GIANPIETRO GALLINELLI

evertype

2015

Pubblicaa da/*Published by* Evertype, 73 Woodgrove, Ballyfin Road, Portlaoise, Co. Laois, R32 ENP6, Ireland. *www.evertype.com.*

Titol originàl/*Original title: Alice's Adventures in Wonderland.*

Questa traduzion/*This translation* © 2015 GianPietro Gallinelli.
Questa edizion/*This edition* © 2015 Michael Everson.

Prima edizion/*First edition* 2015.

On document catalogaa de sto liber l'è disponibil a la British Library.
A catalogue record for this book is available from the British Library.

ISBN-10 1-78201-114-5
ISBN-13 978-1-78201-114-9

Stampaa ind el De Vinne Text, Mona Lisa, ENGRAVERS' ROMAN, e *Liberty* dal Michael Everson.
Typeset in De Vinne Text, Mona Lisa, ENGRAVERS' ROMAN, *and Liberty by* Michael Everson.

Illustrazion/*Illustrations*: John Tenniel, 1865.

Covertina/*Cover*: Michael Everson.

Stampaa da/*Printed by* LightningSource.

Prefazion

*L*ewis Carroll l'è on pseudònim: Charles Lutwidge Dodgson l'è el nòmm real de l'autor, che l'era on professor universitari de Matematica a la Christ Church a Òxfòrd. El Dodgson l'ha cominciaa la stòria el 4 de luj del 1862, quand l'aveva faa ona escursion in barca a remm in sul fiumm Tamigi a Òxfòrd, insema al Reverend Robinson Duckworth, con l'Alìs Liddell (de des ann de età) la tosa del Decan de la Christ Church, e cont i sò dò sorell, Lorina (de tredes ann de età), e Edith (de vòtt ann de età). Come l'è anca ciar da la poesia al inizzi del liber, i trè tosann gh'hann domandaa al Dodgson de cuntagh sù ona stòria e lù on poo contrari al princippi, l'ha cominciaa a mett giò quella che la sariss diventada la prima version del esempi. In tutt el raccont, ch'el sarà pubblicaa a la fin ind el 1865, gh'hinn di mezz allusion a qui cinch persònn.

Questa edizion la porta a l'attenzion di lettor del dì d'incoeu la prima traduzion del liber I Avventur de Alìs ind el Paes di Meravili in Lombard Occidental, vun di pussee important dialett de la Penisola Italiàna, sviluppaa dal Latin e che l'è parlaa ind ona area che la corrispond pù o manch a la part occidentala de la Lombardia, a di part del Piemont, el Canton Tessin in Svizzera, e di arei a sud del Fiumm Pò. In questa traduzion hoo deciduu de restà el pussee possibil visin a la version originala in Ingles. S'hinn mantegnuu i nòmm ingles sia di personagg del liber che di quei stòrich che apparissen ind el raccont. Compagn de tanti alter traduzion de l'*Alìs*, vun di impediment pussee gròss incontraa ind el voltà in Lombard Occidental la stòria, l'è staa el cercà, indoe l'era possibil, de mantegnì i bellissim gioeugh de paròll cont i quai el Lewis Carroll l'ha impienuu el liber. In tanti part stì gioeugh hinn staa adattaa per fai sonà mej ai oregg di lettor lombard.

L'influenza di lengh Celtich de la veggia Gallia Cisalpina al Lombard Occidental la se presenta in manera particolara in de la soa fonologia (ancabèn el se poeuda dì la stessa ròba del Lombard Oriental). El gran numer di vocabol celtich che se troeuven ind el Lombard Occidental el tend a vess compagn a quell di alter dialett Gallo-Italich, che se differenzien in manera fòrta da i lengh parlaa a sud de la linea geografica *Massa-Senigallia* - ona linea minga domà reconossuda da i linguista come el confin tra i parlaa Gallo-Italic e l'Italiàn stess, ma anca come el confin principal tra i lengh Romanz Occidentai e Orientai.

L'influenza del Celtich la poeu vess riassummida da i caratteristich che vegnen adree:

- Mantegniment de la *u* lombarda che la gh'ha el stess son de la *u* francesa o de la *ü* todesca. Per esempi: *mur* [myr] 'wall', *dur* [dyr] 'tough'.
- Mantegniment del son *oeu* ch'el corrispond al *eu* frances o al *ö* todesch. Per esempi: *coeur* [kœːr] 'heart', *incoeu* [inkœ] 'today'.
- Perdita di consonant geminaa in de la lengua parlada, ancaben se sien mantegnuu in de l'ortografia tradizionala.

- Perdita di vocai (a eccezion de la -*a*) a la fin di paròll. Per esempi *òmm* [əm] 'man'; *liber* [liber] 'book'.
- El morisnass di consonant [t], [p], [k] inter-vocalich che diventen [d], [v], and [g]. Per esempi: Italiàn *capello*, Lombard *cavell* 'hair'; Italiàn *ruota*, Lombard *roeuda* 'wheel'; Italiàn *manica*, Lombard *manega* 'sleeve'.
- La nasalizzazion di vocai che vegnen prima de la lettera *n*. Per esempi: *pan* [pã] 'bread', *vin* [vĩ] 'wine', *bon* [bõ] 'good'.
- El doperà di pronòmm tipich di lengh Gallo-Italic che je differenzia da i alter lengh Romanz e je visina pussee al Celtich: *mì voo* 'I go'; *tì te veet* 'you go'; *luu el va* 'he goes'. Osservà i similitudin cont el Frances (*moi je viens, toi tu vais, lui il voit*).

Cont i invasion barbarich in de la penisola Italiana l'è poeu rivada la popolazion che la gh'aveva de dagh el sò nòmm a la lengua e a la gent de la Val del Pò: i Longobard, o Lombard.

Questa popolazion, de razza germanica, l'ha portaa di cambiament a la grammatica del Latin volgar parlaa da la gent de la Lombardia. Questo fatt l'ha differenziaa el Lombard da i alter lengh Romanz e in tanti maner l'ha faa vesinà la soa grammatica a quella di alter lengh Germanich. Grammaticalment a poeudom evidenzià i caratteristich che vegnen adree:

- La negazion (*minga, mia, nò*) in di fras la appariss semper dòpo el verb principal e minga prima de quell come ind i alter lengh Romanz: Mett a confront el Lombard *mì mangi nò* e el Todesch *ich esse nicht* 'I don't eat' cont el Italiàn *io non mangio*, el Spagnoeu *yo no como*; a confront el Lombard *tì te see minga vegnuu* e el todesch *du bist nicht gekommen* 'you have not come' cont el Italiàn *tu non sei venuto*, o el Spagnoeu *tú no has venido*.

- El doperà di avverbi per completà el significaa d'on verb (compagn de l'Ingles, del Todesch e di alter lengh Germanich). Mett a confront: Lombard *mì voo denter* e l'Ingles *I go in* (Italiàn *io entro*); Lombard *mì vegni sù* e l'Ingles *I come up* (Italiàn *io salgo*); Lombard *tì te vee giò* e l'Ingles *you come down* (Italiàn *tu scendi*).
- La propension a fà diventà sord i consonant sonòr a la fin di paròll: Lombard *oeuv* [œːf], Italiàn *uovo* 'egg'; Lombard *goeubb* [gœp], Italiàn *gobbo* 'hunchbacked'.

Naturalment la veggia lengua Longobarda l'ha anca lassaa on gròss numer de paròll ind el nòst vocabolari, ma nagòtt paragonabil ai mudament che l'ha portaa a la nòstra grammatica; trasformazion che apparissen nò in alter lengh Romanz (a part i alter dialett Gallo-Italic) e che fann del Lombard ona lengua ben distinta, in rispett.

A bon cunt, come part de la familia di lengh Romanz, a poeudom tegnì nò present la gròssa importanza ch'el Latin l'ha giugaa ind el svilupp in general del Lombard Occidental. Impunemanch, questa influenza la se poeu individoaa e l'è compagna a tucc i alter lengh Romanz e la porta nò di caratteristich speciai, in riferiment a la soa relazion cont i alter lengh de la stessa familia. La lengua Lombarda la mantegn dessorapù on numer de paròll che hinn ciappaa direttament da la lengua Latina e inscambi s'hinn perduu ind el Italiàn standard. In conclusion el Lombard el se podaria considerà anmò incoeu 'me l'era consideraa ind el Medio-Evo come la *"favella latina in bocca barbara"* 'Parlada Latina in la bocca di barber'.

GianPietro Gallinelli
Viggiù 2015

La pruncia del Lombard Occidental

*L*a grafia adottada in questa traduzion l'è quella de la tradizion Milanesa del secol quell di desnoeuv, semper doperada in tucc i produzion letterari vegnuu foeura da la città de Milan, che la poeu vess considerada la Capital artistica e letteraria del territòri lombard occidental. El traduttor l'ha faa uso de la forma semplificada introdòtta dal Professor Claudio Beretta e fada soa dal Circol Filològich de Milan.

La guida sòtta la sarà de aiutt ai lettor ch'hinn minga confident con la soa ortografia, inscì che poeudan vegh ona bòna idea de la pronuncia corretta del test.

La *o* lombarda l'è semper pronunciada come la *u* italiana (*agost* ['agust] 'August'; *domà* = ['duma] 'only'). Inscambi se la *ò* la gh'ha on accent avert, in quell cas chì la sòna come la *o* italiana (*risòtt* = [ri'zɔt] 'cooked rice')

Quando la apariss a la fin d'ona sillaba cont el accent circonfless, la *ô* lombarda la sòna curta compagn de *ù* italiana accentada [u].

Quand la apariss a la fin d'ona sillaba e l'è scrivuda doppia, la *oo* lombarda la sòna compagn d'ona *u* italiana longa [u:].

Anca tucc i alter vocai doppi che apparissen a la fin di sillab gh'hann on son longh (*andaa* ['anda:] 'gone', *voree* ['vure:] 'wanted', *sentii* ['senti:] 'heard', *savuu* ['sa:vy:] 'known').

La *oeu* lombarda la gh'ha el son de la *ö* todesca o de la *eu* francesa, [œ].

La *u* lombarda l'è semper pronunciada come la *u* francesa o la *ü* todesca, [y], a eccezion de quand la gh'ha denanz ona *q* o *g* e ghe vegn adree ona vocal, in quell cas chì l'è pronunciada come in Italiàn (*quader* ['kwa:der] 'painting', *guant* [gwant] 'glove').

Tucc i alter vocai hinn pronunciaa come in Italiàn.

La *s'c* e la *s'g* lombard hinn semper pronunciaa con son separaa [stʃ] e [zdʒ].

La *sc* lombarda l'è pronunciada come in Italiàn [ʃ] se ghe vann adree i vocai anterior (*e*, *i*): *sces* ['ʃe:s] 'hedge'. La *sc* e *sg* lombarda se ghe vann adree i vocai posterior (*a*, *o*, *u*) gh'hann on son dur come [sk] e [zg].

La *c* e *g* se ghe vann adree i vocai anterior (*i*, *e*) gh'hann on son dolz come in Italiàn, [tʃ], [dʒ], inscambi se ghe vann adree i vocai posterior (*a*, *o*, *u*) gh'hann on son dur come [k], [g].

La *sgi* lombarda (e di vòlt la *sg* a la fin d'ona paròla) l'è semper pronunciada [ʒ] come la *j* francesa (*fonsg* [fɔnʒ] 'mushroom', *ronsgia* ['rɔnʒa] 'stream', *resgiô* ['reʒo:] 'head of the family').

La *z* lombarda la gh'ha semper el son de la *s* intervocalica italiana, [z], ancaben in tanti arei de la Lombardia Occidental (in special moeud in sù i confin con la Svizzera e ind el Tessin Svizzer) la poeu sonà come la *z* italiana, [dz].

I consonant doppi hinn semper pronunciaa come se fudessen domà voeuna. In Lombard, l'ortografia di doppi l'è doperada per di reson de stress de la paròla: l'accent di paròll l'è squas semper in sù la vocal prima di doppi consonant, in special moeud quand apparissen a la fin de la paròla.

Foreword

*L*ewis Carroll is a pen-name: Charles Lutwidge Dodgson was the author's real name and he was lecturer in Mathematics in Christ Church, Oxford. Dodgson began the story on 4 July 1862, when he took a journey in a rowing boat on the river Thames in Oxford together with the Reverend Robinson Duckworth, with Alice Liddell (ten years of age) the daughter of the Dean of Christ Church, and with her two sisters, Lorina (thirteen years of age), and Edith (eight years of age). As is clear from the poem at the beginning of the book, the three girls asked Dodgson for a story and reluctantly at first he began to tell the first version of the story to them. There are many half-hidden references made to the five of them throughout the text of the book itself, which was published finally in 1865.

This translation brings to the modern reader the first-ever published translation in Western Lombard, one of the main Italic dialects which developed out of Latin and which is spoken in the area covering roughly the region of West Lombardy, parts of Piedmont, the whole of the Swiss Canton Tessin, and areas South of the Po river.

In this translation I decided to keep as close as possible to the English version, retaining the English names of the characters as well as the names of the historical characters appearing in the tale. As with most of the *Alice* translations, one of the biggest difficulties encountered has been to render into a different language Lewis Carroll's wonderful wordplay. In many cases these puns have been adapted in order to please a Lombard audience.

The influence of the Celtic languages of the former Gallia Cisalpina in the Western Lombard language shows itself mainly in its phonology (though the same can also be said for Eastern Lombard). The large number of Celtic words found in Western Lombard tends to be common to all the Gallo-Italic dialects, which differ strongly from all the other languages spoken south of the geographical *Massa-Senigallia line*—a line not only recognized by linguists as the border between Gallo-Italic languages and Italic proper, but also as the main border between the Western and Eastern Romance languages.

This Celtic influence can be briefly summarized by the following characteristics:

- Retention of the Lombard *u* which has the same sound of the French *u* or the German *ü*. Examples: *mur* [myr] 'wall', *dur* [dyr] 'tough'.
- Retention of the sound *oeu* which corresponds to the French *eu* or the German *ö*. Examples: *coeur* [kœːr] 'heart', *incoeu* [inkœ] 'today'.
- The loss of geminate consonants in the spoken language, though in traditional orthography they are graphically maintained.
- The loss of vowels (other than *-a*) at the end of words. Ex: *òmm* [ɔm] 'man'; *liber* [liber] 'book'.

- The softening of the consonants [t], [p], [k] inter-vocalically to [d], [v], and [g]. Examples: Italian *capello*, Lombard *cavell* 'hair'; Italian *ruota*, Lombard *roeuda* 'wheel'; Italian *manica*, Lombard *manega* 'sleeve'.
- The nasalization of the vowels preceding *n*. Examples: *pan* [pã] 'bread', *vin* [vĩ] 'wine', *bon* [bõ] 'good'.
- The typical use of pronouns in the Gallo-Italic languages which differs them also from the other Romance languages and makes them so similar to Celtic: *mì voo* 'I go'; *tì te veet* 'you go'; *luu el va* 'he goes'. See the similarities with the French (*moi je viens, toi tu vais, lui il voit*).

With the barbarian invasions into the Italian peninsula came the population which was to give the name to the present-day language and people of the Valley of Po: the Lombards, or Longobards.

This population, of Germanic stock, brought changes to the grammar of the vulgar Latin spoken by the people of Lombardy. This differentiated it from the other Romance languages and in many ways made its grammar somewhat closer to that of the Germanic languages. Grammatically we can spot these main influences:

- Negation (*minga, mia, nò*) in a sentence appears always after the verb and not before it as in other Romance languages: Compare Lombard *mì mangi nò* and German *ich esse nicht* 'I don't eat' with Italian *io non mangio*, Spanish *yo no como*; compare Lombard *tì te see minga vegnuu* and German *du bist nicht gekommen* 'you have not come' with Italian *tu non sei venuto*, Spanish *tú no has venido*.
- The use of adverbs in order to complete the meaning of a verb (as in English, German, and the other Germanic

languages). Compare: Lombard *mì voo denter* and English *I go in* (Italian *io entro*); Lombard *mì vegni sù* and English *I come up* (Italian *io salgo*); Lombard *tì te vee giò* and English *you come down* (Italian *tu scendi*).

- The progressive devoicing of voiced consonants in word-final position: Lombard *oeuv* [œ:f], Italian *uovo*; Lombard *goeubb* [gœp] 'egg', Italian *gobbo* 'hunchbacked'.

Of course the old Longobardic language also left a large number of words in our vocabulary, but nothing comparable to the changes it brought to our grammar: changes which do not appear in other Romance languages (apart from the other Gallo-Italic dialects) and which make Lombard a very distinctive tongue.

As it is a Romance language we cannot of course overlook the huge importance Latin played in the development of Western Lombard in general. However, these influences are those which can be spotted and are common to all the other Romance languages and bring not, distinctive features to the language, in terms of its relation towards the other Romance languages. It retains though a number of words which come directly from the Latin language and are for example lost by standard Italian. Western Lombard could still be considered now days as it was in the Middle Age as the *"favella latina in bocca barbara"* 'Latin speech on barbaric mouth'.

GianPietro Gallinelli
Viggiù 2015

The pronunciation of Western Lombard

The writing used in this translation is that of the 19th century Milanese tradition, always used in the literary productions which came out of Milan, which can be considered the literary and artistic Capital of the Western Lombard territory. The translator has used the simplified form introduced by the Professor Claudio Beretta and adopted by The Circolo Filologico di Milano.

The guide below will assist readers unfamiliar with the orthograph so that they can have a good idea of the correct pronunciation of the text.

Lombard *o* is always pronounced as the Italian *u* (*agost* ['agust] 'August'; *domà* = ['duma] 'only'), unless it has a grave accent *ò*. In this last case it sound like the Italian *o* (*risòtt* = [ri'zɔt] 'cooked rice')

When it is in the final syllable with a circumflex accent, Lombard *ô* sounds short and like the Italian accented *ù* [u].

When it is in the final syllable and it is written doubled, Lombard *oo* it sound long and like the Italian *u* [u:].

Also all the other doubled vowels in the final syllable carry a long sound (*andaa* ['anda:] 'gone', *voree* ['vure:] 'wanted', *sentii* ['senti:] 'heard', *savuu* ['sa:vy:] 'known').

Lombard *oeu* has the sound of the German *ö* or as in French *eu*, [œ].

Lombard *u* is always pronounced as the French *u* or the German *ü*, [y], except when it is preceded by *q* or *g* and followed by a vowel, in which case it is pronounced like in Italian (*quader* ['kwa:der] 'painting', *guant* [gwant] 'glove').

All the other vowels are pronounced like in Italian.

Lombard *s'c* and *s'g* are always pronounced as [stʃ] and [zdʒ].

Lombard *sc* before front vowels (*e*, *i*) have a soft sound as in Italian, [ʃ]: *sces* ['ʃe:s] 'hedge'. Lombard *sc* and *sg* before back vowels (*a*, *o*, *u*) are [sk] and [zg].

Lombard *c* and *g* before front vowels (*e*, *i*) have a soft sound as in Italian, [tʃ], [dʒ]. Lombard *c* and *g* before back vowels are plain stops [k], [g].

Lombard *c* and *g* before front vowels (*e*, *i*) have a soft sound as in Italian, [tʃ], [dʒ].

Lombard *sgi* is always pronounced [ʒ] like the French *j* (*ronsgia* ['rɔnʒa] 'stream', *resgiô* ['reʒo:] 'head of the family'); *sg* can also have this sound in final position: *fonsg* [fɔnʒ] 'mushroom'.

Lombard *z* has always a sound like the intervocalic Italian *s*, [z], although in many areas of Western Lombardy (especially on the borders with Switzerland) it can sound like the Italian *z*, [dz].

Doubled consonants are always pronounced as a single one. In Lombard, orthographic doubling is used for reasons of stress: the accent of the word falls on the vowel before the double consonants, especially when they appear at the end of a word).

I Avventur de Alìs
ind el Paes di Meravili

TAOLA DI CONTEGNUU

I. Giò in de la Tana di Conili *7*

II. El Fontanin de Lacrim *16*

III. Ona Corsa senza Sens,
e ona Storiella Longa *25*

IV. La Casetta del Conili *33*

V. I Consili d'ona Camola *44*

VI. Porscell e Pever *56*

VII. On Tè de Matt *68*

VIII. El Camp de Croquet
de la Regina *79*

IX. Stòria de la Finta Bissa
Sculedera *90*

X. La Quadrilia di Gamber *101*

XI. Chi ha Sgrafignaa i Tort? *111*

XII. La Testimonianza de l'Alìs *120*

In del podisnà d'òr
    tranquill a vogom,
    intant chi brasc maneggen,
    cont i duu rem i moeuvom
    e i nòster man de pretesa
        la direzion i guida.

Ah birbon Trii! inscì a l'ora
    Sòtta questo temp sognant,
    e sospirà ona stòria de bonora
        o ona piuma a moeuv intratant,
    ma se la poeu fà ona vos poaretta
    contra trii lengh che la spetta?

Imperiosa la prima la me dis
    comincia tì, sentom s'el dis,
    e gentil la seconda poeu la spera
        de caròtol la mia stòria la sia piena!
    E la terza la me ferma el mè raccont
        Domà voeuna per minutt a bon cunt.

Tei lì, el silenzi gh'hoo vengiuu
        e scoltà attent lor hann savuu,
    la tosetta in del paes la se moveva
        e i maravii la descovriva,
    e cont i besti o cont i usei a cicciarà
        de tanti ròbb la podarà.

E quand la stòria la finiva
    e secca e poera diventava,
coi trè tosann gh'hoo intentaa
    cuntalla anmò, fussom tornaa
Adèss, adèss m'hann responduu
    e de andà innanz mì gh'hoo dovuu.

Inscì la stòria l'è cressuda
    de maravii la s'è impienida,
tanti avventur hinn vegnu foeura,
    e quand finida, de bonora
che già nel ciel el sô sbassava,
    a cà feliz numm se rivava.

Oh Alìs, toeu scià sta stòria,
    che poeuda vess gia per toa glòria
e cont i sògn che volen scià
    a toa memoria restarà
come on pellegrin ch'el porta on fior,
    tòlt sù da i terr, strengiuu al coeur!

Capitol I

Giò in de la Tana di Conili

L'Alìs la cominciava a sentìss stracca mòrta de stà settada in sul dòss, arent a la soa sorella, senza vegh nient de fà: voeuna o dò vòlt l'aveva buttaa on'oggiada al liber che la sorella l'era adree a legg, ma gh'eren nò ne figur ne di dialogh, "e l'è bon de fà cos'è on liber," l'ha pensava, "senza ne dialogh e figur?"

Inscì la considerava, ind el sò coo (come mej la podeva, perchè el dì inscì cald la faseva sentì sognorenta e stupidòtta), se el piasè de fà ona ghirlanda de margheritt el varèss el fastidi de levà sù e cattà sù i fior, quand tutt a on tratt on Conili Bianch con di oeugg rubin el gh'è passaa lì visìn.

Gh'era nagòtt de verament strani de meraviliass de sta ròba; ne l'Alìs la pensava che l'era tròpp balzàn sentì parlà on Conili, ch'el diseva intra de lù "Oeu la pèppa! Oeu la pèppa! faroo tard!" (quand la gh'ha pensaa sù pussee tard, la s'è resa cunt ch'el saria staa el cas de meraviliass, ma in quell

7

moment el gh'era sembraa abbastanza natural); ma quand el
Conili l'ha traa foeura on orelògg dal saccoccin del gilè, e l'ha
vardaa, e l'è scappaa via, l'Alìs l'è saltada in pee, perchè el
gh'era vegnuu in ment che lee l'aveva mai veduu on Conili
cont on gilè col saccottin, e l'orelògg denter, e curiosa come
el mal de venter, l'ha traversaa el camp correndogh adree, e
l'è rivada giust a temp per vedell saltà ind ona tana de conili,
sòtta a la sces.

On attim dòpo, giò l'è andada l'Alìs, correndogh adree,
senza nanca pensà come l'avaria poduu fà per vegnìnn
foeura.

El bus de la tana el correva drizz, 'me on tunnel per on poo,
e poeu el passava giò tant de pressa che l'Alìs la gh'ha nanca

avuu on attim per considerà se l'avaria poduu fermass, de già
che l'è borlonada giò ind on pozz fondissim.

Voeuna di dò, o el pozz l'era profond profond debon, o lee
la ghe tomborlava adasi assee, de già che la gh'aveva temp,
intant che l'andava giò, de vardass intorna, e de domandass
quell ch'el saria success dòpo. Prima de tutt l'ha guzzaa la
vista e l'ha proaa a vardà giò in fond per scovrì quell ch'el
saria vegnuu adree, ma l'era tròpp scur per vedè on quaicòss:
poeu l'ha vardaa i mur del pozz e l'ha notaa ch'eren pien de
cardenz e de scafai de liber; de scià e de là l'ha veduu di mapp
e di quader taccaa sù coi ciòd. Intant che la borlava giò l'ha
cattaa al vòlo da vun di scaffai on vasètt: gh'era sù on
etichetta con scrivuu "MARMELLADA DE NARANZ", ma
con soa delusion l'era voeui: l'ha minga vorsuu lassà andà giò
el vasett per pagura de coppà on quaivun in sul fond, inscì l'è
reussida a poggiall in voeuna di cardenz intant che la
seguttava a scarligà giò.

"Ben," l'ha pensaa l'Alìs, "dòpo ona tal tòma, me sembrarà
nagòtt tomborlà giò da i scal! A cà poeu, pensarànn che son
diventada coraggiosa! Perchè ancaben a borlà giò dal tecc, mì
disaria pù nagòtt!" (Che probabilment l'era la verità.)

E giò, giò, giò! La finirà mai 'sta tòma? "Chissà per quanti
mìa son borlonada giò a quest'ora?" L'ha dii a vos alta. "Me
sa che sont adree a rivà ind ona quai part visin al center de
la terra. Famm vedè: pensi che sarann on quattermìla mìa de
profondità—" (come vedii, l'Alìs l'aveva imparaa on bel poo
de stì ròbb in di sò lezion a scoeula, e ancaben la fudess
minga la miglior occasion per mètt in mostra la soa
erudizion, dato che gh'era nissun a scoltalla, impunemanch
l'era on bon esercizzi el ripasà a memòria) "—sì, questa la
gh'ha de vess la distanza, pù o manch—ma voraria savè a che
Latitudin o Longitudin me tocca andà?" (L'Alìs la gh'aveva
nanca idea de cosa la fudess ona Latitudin o ona Longitudin,
ma la pensava ch'eren di bei parolonn de dì.)

Passaa on quai attim l'ha cominciaa de noeuv. "Me se domandi se me tocca *traversà* la terra! Saria bella se vegnaria foeura ind el sitt doe la gent la cammina cont el coo in giò! I antipatii me par che se dis—" (sta vòlta l'era contenta che gh'era nissun a scoltalla, perchè quella paròla la sonava minga ben ai sò oregg) "—ma ghe domandaroo a lor che nòmm el gh'ha el sò paes. De grazia, Sciora, l'è questa chì la Noeuva Zelanda? o l'Australia?" (e l'ha cercaa de fà ona riverenza intant che la parlava—figurèmmes, fà ona *riverenza* intant che se borla giò a strapiomb! Pensii che podariov fall vialter?) "Ma se faroo ona tal domanda pensarann che sont ona ziffola. Nò, la faroo minga: forsi a trovaroo el nòmm scrivuu giò ind ona quai part giò là in fond."

E giò, giò, giò! Dato che la gh'aveva nient de fà, l'Alìs l'ha taccaa de noeuv a tappellà. "La Dina la me cercarà stà nòtt!" (Dina l'era el nòmm de la gatta). "Speri che se desmentegarànn nò de dagh el sò tondin de latt quand l'è scià l'ora del tè. Cara la mia Dina! Voraria che te fudesset chicchinscì con mì! Gh'hinn minga moriggioeu in de l'aria, me dispiass, ma te podariet brancà ona tegnoeura che l'è compagn de on rattìn. Me se domandi se i gatt mangen i tegnoeur?" E chì l'Alìs l'ha cominciaa a pisolàss, e fra el sògn e la veglia l'ha seguttaa a domandass intra de lee, "I gatt mangen i tegnoeur? I gatt mangen i tegnoeur?" E di vòlt, "I tegnoeur mangen i gatt?" perchè, vedii, dato che la podeva minga respond a nissun di dò domand, a ghe importava nagòtt se la ghe girava el sens al contrari. L'era giamò mezz indormenta, che pròppi allora l'ha cominciaa a sognass che l'andava a brascìn con la Dina e che la ghe diseva con fà seri: "Dina, dimm la verità: t'hee mai mangiaa ona tegnoeura?" quand, tutt a on tratt, patatonf! l'ha sbattuu sora ona pigna de brocchètt e de foeuj secch, e la tomada l'è finida.

L'Alìs la s'è minga fada mal e ind on attim l'è levada sù in pee: l'ha vardaa in alt, ma l'era tutt scur: de front a lee gh'era on alter passagg bel longh, e el Conili Bianch, che l'era semper in vista, el ghe correva dent. Gh'era minga temp da perd: l'Alìs svelta 'me 'l vent la gh'è corsa adree, e l'ha sentii ch'el diseva giò, intant ch'el girava ind on canton, "Ciombia, el vegn pròppi tard!" L'era lì lì per rivall, ma appena l'ha giraa el canton, el Conili el se vedeva pù; e lee la s'è troada ind on salon bass e longh, illuminaa da ona fila de lamped che pendeven dal plafon.

Gh'eren di pòrt tutt intorna al salon, ma eren tucc saraa sù a ciav, e dòpo che l'Alìs l'ha proaa in sù e in giò a dervì tucc i uss, senza reussigh, l'ha camminaa col magon ind el mezz del salon, e intant la se domandava come l'avariss poduu vegnin foeura.

Tutt a on tratt l'è capitada visin a on taol piscinin de cristall con trii pee: in scima gh'era nient'alter che ona ciavetta d'òra, e el primm pensee ch'el gh'è vegnuu l'è staa che la podess dervì voeuna di pòrt del salon; ma purtròpp! o i bus eren tròpp grand, o la ciav tròpp piscinina; a bon cunt qualsessìa la motivazion l'ha ne derviva nanca voeuna. Impunemanch, dato che l'aveva faa on second giro del salon, l'è capitada denanz d'ona tenda bassa che gh'aveva minga daa ind el oeugg el moment prima, e dedree gh'era ona portisina alta quindes did: l'ha proaa la ciavetta d'òra ind el bus de la serradura, e con allegria l'ha vist che la ghe andava dent perfettament!

L'Alìs l'ha dervii l'uss e l'ha vist ch'el dava ind on piccol corridor, largh 'me 'na busa di ratt: la s'è ingenoggiada, e l'ha veduu de là del corridor el pussee bell giardìn del mond! Quant la desiderava de vegnì foeura de quell salon scur per corr in sù qui praa de fior sberlusent, e visin a l'acqua fresca di fontànn, ma la podeva nanca casciagh dent el coo in quell bus; "e anca a reussigh a fagh passà denter la mia crappa," la pensava la poera Alìs, "me servaria pòcch senza podè fagh passà denter i spall. Òh, se podessi saramm sù 'me on telescòppi! Credi che podaria fall, a savè indoe comincià." De già che con tucc i ròbb foeura de l'ordinari ch'eren succeduu ultimament, l'Alìs l'aveva cominciaa a persuades che eren verament pòcch i ròbb minga possibil.

La pareva ona perdita de temp stà piantaa lillinscì, denanz a l'uss, sicchè l'Alìs l'è tornada vers el taol cont ona mezza speranza de podè troagh sora on'altra ciav, o almanch on liber che l'insegnass a la gent a sarass sù 'me on telescòppi: Sta vòlta però gh'era sù ona bottiglietta, ("e de sicur la gh'era minga prima," l'ha dii l'Alìs), e intorna al còll gh'era taccaa on cartellìn con scrivuu in bei letter grand "BEVOM".

Va benissim a dì "Bevom", ma l'Alìs che l'era ona tosetta de bon sens, lì per lì l'ha minga vorsuu bev. "Nò, voeuri prima vedè se gh'è scrivuu sù *velen* o alter"; de già che lee l'aveva leggiuu on bell poo de storiètt de fioeu che s'eren brusaa, e staa divoraa da i besti feròci, o ròbb compagn, e tutt quest

perchè voreven minga regordass de la prudenza che gh'era
stada insegnada; come per esempi, maneggià minga i moeul
infogaa, perchè brusen; se col cortell te se fee on taj bell fond
in sul did, certa l'è che vegnarà foeura del sangh; e lee l'aveva
mai desmentegaa che, se te bevet tant da ona bottiglia con sù
scrivuu "velen", prima o poeu la te farà mal.

Impunemanch quella bottiglietta l'era minga marcada con
"velen", e donca L'Alìs la s'è ascada a tastà el contegnuu, e
dato che l'ha troaa delizion (de fatt el gh'aveva el gust de on
misto de torta de scirés, de crema, de ananass, pollìn rostii,
de torron e de pan col buttér), l'ha svoiaa tutt d'on fiaa.

*   *   *   *

*   *   *

*   *   *   *

"Che sensazion strana!" l'ha dii l'Alìs. "Son dree a restringiom come on telescòppi!"

E l'era pròppi inscì: adèss l'era minga alta pussee de quindes did, e el sò musin el s'è illuminaa de contentezza a pensà che finalment l'era rivada a l'altezza giusta per passà a travers de l'ussìn, e entrà ind el bell giardìn. Prima, a bon cunt, l'ha spettaa on quai minutt, per vedè se la diventava piscinina pussee; l'è vera che la proava ona quai ansia a quell mudass; "perchè, savii, podaria diventà piscinina fina a sparì compagn d'ona candila" l'ha pensaa intra de lee l'Alìs. "Me se domandi a chi pararìa in quell rispètt?" E l'ha cercaa donca de fass on'idea del parè d'ona fiama d'ona candila adree a smorzass, de già che la podeva nanca regordass se n'aveva mai vista voeuna.

Passaa on quai moment, dato che la vedeva che ghe succedeva nagòtt de noeuv, l'ha deciduu d'andà dent ind el giardin; ma, poera Alìs! quand l'è stada a la pòrta, la s'è resa cunt che l'aveva desmentegaa la ciavetta d'òra, e quand l'è tornada al taol indoe l'aveva lassada, l'ha vist che la podeva pù rivàgh sù per ciappalla: la vedeva in manera ciara a travers del cristall, e l'ha faa quell che la podeva per cercà de rampegass in sù i gamb del taol, ma l'era tròpp scarlighent; e dòpo avè fadigaa per el nagòtt, la poeretta la s'è settada giò e l'ha taccaa a piang.

"Dai, serv a nagòtt stà chì a luccià!" l'ha dii l'Alìs intra de lee; "te consili inscambi de desmètt subit de caragnà!" Generalment la se dava a lee medèmma di bon consili (ancaben je seguiva rarament), e di vòlt la se vosava adree tant severa che i lacrim ghe vegniven giò di ganassin; e la se regordava de quella vòlta che l'era lillinscì per tirass duu s'giaffon per avè scamottaa ind ona partida de croquet che l'era adree a giugà contra lee medemma, che a stà tosetta ghe piaseva fà finta de vess dò persònn. "Ma adèss l'è inutil," l'ha pensaa la poera Alìs, "pretend de vess dò persònn! n'è restaa nanca assee de fann domà voeuna!"

Ma tel lì, el gh'ha ciamaa l'oeugg ona cassettina de cristall che l'era sistemada sòtta el taol: l'ha dervida e la gh'ha troaa denter ona tortina, che con l'ughetta gh'era sù scrivuu "MANGIA". "Bon! La mangiaroo," l'ha dii l'Alìs, "e se la me fa cress tant, ghe rivaroo a brancà la ciavetta; e se la me fa diventà anmò pussee piscinina podaroo strusà sòtta l'uss: inscì ind ona manera o in de l'altra andaroo dent ind el giardin, e poeu el sarà quell che sarà.

N'ha mangiaa on tocchett, e ansiosa l'ha dii intra de lee "Da che part? Da che part?" intant che la tegneva la man sora el coo per vedè da che part la cresseva; ma la s'era sorpresa a notà che l'era restada de la stessa altezza. Per dilla giusta, generalment el succed a tucc quei che mangen di dolz; ma l'Alìs la s'era bituada a vedè nient'alter che ròbb foeura del normal, ch'el gh'era sembraa monòton e stupid che i ròbb andassen innanz in de la manera normala.

Inscì l'ha seguttaa, e in pòcch attim l'ha casciaa giò tutta la tortina.

*   *   *   *
*   *   *
*   *   *   *

Capitol II

El Fontanin de Lacrim

"Curios e semper pussee curios!" l'ha vosaa l'Alìs (l'era tanta la soa sorpresa che l'era nanca pù bòna de parlà come se dev la soa lengua); "sont adree a slongamm 'me 'l pussee alt telescòppi che gh'è mai staa! A rivedèss pee!" (perchè quand l'ha vardaa giò a i sò pee, pareva che i avess perduu de vista, tant eren lontan). "Oh, i me poer pescioeu, me se domandi chi ve mettarà sù i calzett e i scarp adèss? De sicur mì podaroo pù fall! Oramai sii inscì tan lontan, che poeudi pù disturbàmm per vialter: gh'hii de sistemass a la mej che podii;—Eppur dovaria trattai ben," l'ha riflettuu l'Alìs, "se de nò voran minga andà per la via ch'hoo deciduu de ciappà! Famm vedè. Ògni ann, a Natal ghe faroo de regal on para de stivai noeuv."

E inscì la seguttava a riflett come podaria fall. "Gh'hann de andà cont el corrier," l'ha pensaa; "e che divertent el sarà, mandà regai ai mè pee! E che strani el pararà l'adrèss!

Al Scior Pee de dritta,
    Tappee,
        arent al parafoeugh,
        (coi salud de l'Alìs)
Oh poera mì! quanti stupidad sont adree a dì!"
        Pròppi allora el sò coo l'ha piccaa contra
    el plafon del salon: l'era rivada a
    pussee de noeuv pee d' altezza!
    Subit l'ha brancaa la ciavetta
    d'òra e via, vers la pòrta del
    giardin.
        Poera Alìs! Tutt quell che la
    podeva fà l'era buttass giò de
    fianch e vardà el giardin con la
    coa de l'oeugg; ma per andagh
    denter l'era diventaa pussee
    complicaa che mai: donca la s'è
    settada e l'ha taccaa anmò a
    piang.
        "Dovariet vergognass," l'ha dii
    l'Alìs, "figurèmmes, ona
    tosettòna compagn de tì" (e
    podeva pròppi dill) "vegh i
    lacrim in saccòccia! Desmètt
    subit te disi!" Impunemanch
    l'ha seguttaa e l'ha versaa
    lacrim a liter, fin a che l'ha
    formaa on fontanin tutt
    intorna a lee, de squas quatter
    did de altezza, e ch'el rivava a
    metà del salon.
        On quai moment dòpo l'ha
    sentii in lontananza on strusament
    de pee; subit la s'è sugada i oeugg

per vedè chi el rivava. L'era el Conili Bianch ch'el tornava indree, tutt vestii 'me on scioron, cont on para de guant bianch ind ona man e on gran crespìn in de l'altra: el vegniva a mezz tròtt de pressa, e el barbottava intra de lù, "Ciosca! La Duchessa, la Duchessa! la darà foeura di gangher perchè l'hoo fada spettà!" L'Alìs l'era inscì tant foeura de lee che l'avaria domandaa aiutt a chissessìa ghe fudess capitaa: inscì, quand el Conili el gh'è rivaa visin, l'ha gh'ha dii con ritègn a vos bassa, "De grazia, Scior—" El Conili l'è saltaa via, gh'hinn borlaa per terra i guant e el crespìn, e l'ha menaa i tòll in del scur, pussee de pressa ch'el podeva.

L'Alìs l'ha tòlt sù el crespìn e i guant e, dato che ind el salon el faseva inscì cald, l'ha seguttaa a fass aria e a parlà intra de lee "Poera mì! Come l'è tutt bizarr incoeu! Eppur ier i ròbb eren normai. Me se domandi se stanòtt son stada scambiada! Famm vedè: seri minga mì, mì medemma de bonora quand son levada sù? Me par squas de regordamm che me sentivi on poo differenta. Ma se son minga la stessa, la domanda che vegn adree l'è questa chì: Chi mai a sto mond son diventada? Ah, l'è chì la gabola!" E l'ha cominciaa a pensà a tucc i fiolitt che la conosseva, che gh'aveven la soa età, per vedè se per on quaicòss l'era stada cambiada in vun de lor.

" Certa l'è che son minga l'Ada," l'ha dii, "perchè i sò cavei hinn tucc rizz, e i mè hinn minga inscì per el nagòtt; e son sicura che son minga la Mabel, perchè mi conossi on bell poo de ròbb, e lee la poaretta la conoss minga tròpp! E poeu la Mabel l'è la Mabel e mì son mì. Poera mì! che gabola l'è mai questa chì! Provaroo a vedè se me se regordi de tusscòss che savevi ona vòlta: quatter vòlt cinch el fà dodes, e quatter vòlt ses el fà tredes, e quatter vòlt sett el fà—odèss! se voo innanz inscì rivaroo mai a vint! A bon cunt, i moltiplicazion a fann nagòtt: Famm proà la Geografia: Londra l'è la capital de Parìs, e Parìs l'è la capital de Roma, e Roma—nò, gh'hoo sbajaa tutt! Debon gh'hoo de vess stada trasformada in de la Mabel! Proaroo a ripètt *"Rondinina pellegrina"*; la s'è missa coi man crosaa in sul scossarin, come se la fudess adree a ripassà i lezion, e l'ha taccaa a recità la poesia, ma la soa vos la pareva la gh'aveva el garboeusg e la sonava strana, e i paròll vegniven minga foeura 'me 'na vòlta:—

"Rondinina porporina
che te volet sul poggioeu
cattet sù ògni mattina
i zanzar e i moschiroeu,
ti voeu fà in la padellina
porporina rondinina?"

"Scommetti che i paròll giust de la poesia hinn minga quiss chì," l'ha dii la poera Alìs, e gh'hinn vegnuu anmò i lacrimon a i oeugg. "Gh'hoo de vess la Mabel dòpo tutt, e me toccarà andà a stà de cà in quella casetta piscinina, veggh pù di bellee, e insci tanti lezion de imparà! Nò, hoo giamò deciduu: Se son la Mabel, ch'el vegna giò anca el mond, mì restaroo chicchinscì! Inutilment, car i mè sciori, casciarii giò el coo per dimm 'Torna sù de noeuv, cara la mia tosa!' Mì vardaroo domà sù e ghe disaroo 'Chi l'è che son mì? disimmel prima, e se saroo quella che cerchii, vegnaroo sù: se de nò restaroo giò chicchinscì fin a che saroo ona quaivoeuna d'alter—ma, oibò!" l'ha lucciaa, ind on mar de lacrim. "Voraria che mettessen giò el coo! Sont insci stracca de stà chicchinscì depermì."

E intant che la diseva sti paròll la s'è vardada i man, e la s'è meraviliada de vedè che l'aveva mettuu sù vun di guant bianch del conili in del menter che l'era adree a parlà. "Com'è che l'hoo poduu fà?" l'ha pensaa. "Forsi son tornada piscinina." L'è levada sù e la s'è vesinada al taol per misurass con quell—l'ha osservaa che, per quell che la podeva indovinà, l'era alta adèss pressapòcch duu pee, e la se spisciniva rapidament: l'ha intuii che la causa de stà noeuva trasformazion l'era el crespìn che la tegneva ind i man, e subit l'ha lassaa borlà per terra—giust a temp per desmett de spiscinass tant da sparì completament.

"L'hoo scampada bella!" l'ha dii l'Alìs tutta stremida da quell cambiament improvvis, ma contenta de troass anmò viva. "E adèss, al giardin!" e la s'è inviada 'me on fulmin vers l'ussin; ma oibò! la portiscina l'era sarada sù anmò, e la ciavetta d'òra l'era poggiada in sul taol come prima; "i ròbb vann pussee pesg che mai," l'ha pensaa la poera tosetta, "perchè son mai stada insci piscinina prima, mai! e disi ciar e nett che l'è 'na brutta ròbba, pròppi brutta!"

Intant che la diseva stì paròll, cont el pee l'è scarligada, e ind on moment, patatonf! l'era in de l'acqua salada fin al còll. La soa prima idea l'era de vess borlada giò ind el mar, "e se l'è inscì tornaroo a cà con la ferrovia," l'ha dii intra de lee. (L'Alìs l'era stada domà ona vòlta in tutta la soa vita al mar, e l'era rivada a la conclusion che, depertutt doe vun el va sù la còsta inglesa, se troeuven cabinn de spiaggia visin al mar, fiolitt che fann i bus in de la sabbia cont i vangh de legn, e poeu ona fila de cà de vacanza mobiliaa, e dedree a qui ona stazion di tren). Ma subit la s'è resa cunt che l'era borlada dent ind el fontanin di lacrim che l'aveva versaa quand l'era alta noeuv pee.

"Saria staa mej se piangevi nò inscì tant!" l'ha dii l'Alìs, intant che la noava e la cercava de vegnin foeura. "Adèss pensi saroo castigada per quell, e negaroo ind i mè lacrim! La sarà pròppi ona ròba strana! ma tutt l'è inscì strani incoeu."

Pròppi allora l'ha sentii on quaicòss ch'el sguazzava ind el fontanin, e la gh'è noada pussee visin per vedè cosa l'era: al princippi la pensava ch'el podeva vess on elefant de mar o on ippopòtam, ma poeu la s'è regordada quant piscinina che

l'era, e ch'el podeva vess domà on moriggioeu, che l'era
scarligaa denter come lee.

L'Alìs l'ha pensaa, "Forsi saria mej parlagh a sto
moriggioeu. Ògni ròba l'è inscì foeura de l'ordinari giò chì,
che me se meraviliarissi nò s'el podess parlà: de tucc i maner,
se fa minga mal a proà." E inscì l'ha cominciaa: "Ohe
moriggioeu, te conosset la via per vegnì foeu de sto fontanin?
Mì me se senti verament stracca de noà, car el mè
moriggioeu!" (L'Alìs l'ha pensaa che quesschì l'era el moeud
giust per parlagh a on ratt: l'aveva mai faa ona ròba
compagna prima, ma la s'era regordada d'avè leggiuu in de
la Grammatica Latina del sò fradell, "on Moriggioeu—de on
Moriggioeu—a on Morrigioeu—on Moriggioeu—oh Mori-
ggioeu!") El Moriggioeu l'ha vardada in manera curiosa, e a
lee ghe pareva che ghe schisciava vun di sò oeugg piscinin,
ma el diseva nagòtt.

"Forsi el capiss nò l'ingles," l'ha pensaa l'Alìs. "Scommetti
che l'è on Moriggioeu frances, vegnuu chì cont el Guglielm el
Conquistador." (De già che cont i sò cognizion stòrich, a
l'Alìs l'era minga ciara la nozion del temp e de quant temp
prima i ròbb eren succeduu.) Inscì l'ha dii de noeuv: "*Où est
ma chatte?*" che l'era la prima fras che gh'era scrivuu in del
sò liber de frances. El Moriggioeu l'ha faa on salt foeura da
l'acqua e el pareva ch'el tremava tutt de pagura. "Oh, ch'el
me scusa!" la gh'ha giontaa l'Alìs, stremida d'avè scoduu i
nerv del poer animal. "Me s'eri desmentegada che a lù ghe
pias minga i gatt."

"Pias minga i gatt!" l'ha vosaa con vos rabbiosa el
Moriggioeu. "Ghe piasarien a lee i gatt, se la fudess mì?"

"Bon, forsi nò," l'ha dii l'Alìs con vos carezzosa: "ch'el sia
minga inrabii! Eppur me piasaria fagh vedè la Dina, el nòst
gatt. Son sicura ch'el saria còtt strasii se la vedess. L'è ona
bestiolina tan carina e quietta," e intant che la noava
smorbida e la parlava deperlee, l'Alìs l'ha seguttaa, "e la

fronfrona inscì ben quand l'è settada visin al foeugh, e la se lecca i sciampitt e la se netta el musètt—e l'è inscì sòr a i carezz—e l'è pròppi ona foeura de class a brancà i ratt—oh, ch'el me perdona!" l'ha dii ben l'Alìs de noeuv, perchè sta vòlta el Moriggioeu el gh'aveva el pel tutt sperlusciaa, e el pareva verament offes. "Ne parlaremm pù, s'el ghe rincrèss."

"De fatt, pròppi!" l'ha vosaa el Moriggioeu ch'el gh'aveva la tremaroeula fin a la ponta de la coa. "Come se mì voraria parlà di gatt! La nòstra familia l'ha semper odiaa i gatt; bestiasc schifos, gramm, bass e volgar! Che la me faga pù sentì quell nòmm!"

"Nò, el faroo pù!" l'ha responduu spedida l'Alìs, per cambià l'argoment de la conversazion. "El me diga, ghe piasen forsi—ghe piasen i—i can?" El Moriggioeu l'ha minga responduu e inscì l'Alìs l'ha seguttaa: "Visìn a la nòstra cà, gh'è on cagnoeu pròppi bell, se lù el podess vedèll! l'è on terrier con di bei oeugg lusent, e cont on bell pell longh, marron e rizzaa! El riess a brancà tucc i ròbb che je tira, e el se setta in sù i sò sciampitt dedree per cercà el sò mangià, e el fà tanti alter bei ròbb—son nanca bòna de regordamm la metà de qui—l'è de on contadin ch'el dis che la soa bestiolina la var pussee de cent sterlìnn! Poeu el dis ch'el ghe coppa tucc i ratt e—poera mì!" l'ha giontaa sconsolada l'Alìs. "Gh'hoo pagura d'avell offenduu de noeuv!" De fatt el Moriggioeu l'era adree a noà via de lee, pussee de pressa ch'el podeva, fasend agità tutta l'acqua del fontanin.

Inscì l'Alìs l'ha riciamaa con vos amabil, "Me car Moriggioeu! ch'el torna scià, e mì ghe prometti che parlaroo pù ne de gatt, ne de cagnoeu, se ghe piasen nò!" A stì paròll, el Moriggioeu el s'è voltaa e l'ha noaa adasi adasi vers de lee: el sò mus l'era smòrt (de rabbia, l'ha pensaa l'Alìs), e l'ha dii con vos bassa e tremorenta, "andemm a riva, e ghe cuntaroo sù la mia stòria, e allora la capirà el perchè gh'hoo in òdi i can e i gatt."

L'era pròppi temp de vegnì foeura, perchè el fontanin l'era adree a impienìss de usei e alter animai che gh'eren borlaa denter: on' Aneda, on Dòdo, on Lòri e on Aquilòtt, e alter bestioeu strani. L'Alìs l'ha dervii la via e, noànd, tucc i alter gh'hinn andaa adree fin a riva.

CAPITOL III

Ona Corsa senza Sens, e ona Storiella Longa

El grupp che s'era miss insema a riva, l'era bizzar foeura de misura—Figurèves, i usei gh'aveven i piumm masaraa, e i alter besti gh'aveven el pel incollaa al còrp; e tucc che grondaven acqua, giò de còrda e minga tròpp per la qual.

Naturalment la prima domanda che s'hinn faa l'era come se sarissen sugaa: s'hinn consultaa insema sora stà quistion, e passaa pòcch minutt el gh'è sembraa natural assee a l'Alìs parlagh insema con confidenza, come se i avèss conossuu da ona vita. De fatt, la gh'ha avuu ona longa discussion cont el Lòri, che a la fin, immotriaa, el diseva domà, "Son pussee vegg de lee, e donca gh'hoo de savè pussee ròbb de lee." Ma l'Alìs l'era minga daccòrd se prima el ghe diseva minga quant'ann el gh'avèva. E consideraa che el Lòri el se refudava de dì la soa età, la conversazion l'è finida lì.

A la fin el Moriggioeu, ch'el pareva vess ona persòna cont ona certa autorità intra de lor, l'ha vosaa, "Che se setten giò

sciori, e che me daghen a trà! ve sugaroo mì ind on boff!"
Inscì s'hinn settaa giò tucc, in circol, cont el Moriggioeu ind
el mezz. L'Alìs l'ha vardaa fiss, ansiosament, perchè l'era
sicura che se la se fudess minga sugada de pressa, l'avaria
ciappaa sù on quaicòss.

"Ehm!" l'ha faa el Moriggioeu con aria che la metteva
suggestion. "Sii tucc pront? Questa l'è la ròba pussee secca
che conossi. Citto intorna, per piasè! 'Guglielm el
Conquistador, che l'era favorii dal Papa, l'è staa accettaa de
lena da i Ingles, che cercaven di capp, e che prima eren staa
abituaa a vess conquistaa e usurpaa. L'Edwin e el Morcar, i
cont de Mercia e Nòrthumbria'—"

"Off!" l'ha faa el Lòri, cont on sgrisor.

"Ch'el me scusa!" l'ha dii el Moriggioeu, con la faccia scura,
ma cortés: "L'ha parlaa?"

"Mì nò!" l'ha responduu de pressa el Lòri.

"Me pareva de sì," l'ha dii el Moriggioeu. "Voo innanz,
'L'Edwin e el Mòrcar, i cont de Mercia e Nòrthumbria,

s'hinn mettuu da la soa part; e anca el Stigand, el patriòtich vescov de Canterbury, l'ha troaa che l'era prospettabil—"

"Troaa cos'è?" l'ha dii l'Aneda.

"Troaa quella ròba lì," l'ha ripetuu vivament el Moriggioeu, "naturalment lee la sà se'l voeur dì quella ròba lì."

" Soo ben cosa el voeur dì quella ròba lì, quand mì troeuvi ona ròba," l'ha responduu l'Aneda: "generalment troeuvi ona rana, o on vermisoeu. La domanda l'è, cosa l'è che l'ha troaa el vescov?"

El Moriggioeu el gh'ha minga daa a trà, ma a la svelta l'ha seguttaa, "—l'ha troaa opportun de andà cont el Edgar Atheling incontra al Guglielm per offrigh la corona. El Guglielm al princippi l'ha doperaa moderazion, ma l'insolenza di sò Normann—' Come la me segue, cara la mia tosa?" el gh'ha domandaa intramezz a l'Alìs.

"Masarenta come prima," l'ha dii col magon l'Alìs: "el me par che la soa stòria la me suga per el nagòtt."

"In quell cas," l'ha dii el Dòdo con vos de tutt rispett, e intant l'è levaa sù in pee, "propòni ch'el parlament el se rinvia, per adottà di rimedi pussee energich—"

"Parla che se capiss!" l'ha esclamaa l'Aquilòtt. "Capissi nanca metà de stì parolonn, e perdepù pensi che nanca lù medèmm je capiss!" E l'Aquilòtt l'ha sbassaa on poo el coo per scond on sorrìs, ma i alter usei s'hinn sgavasciaa da fass sentì.

"Vorevi dì," l'ha seguttaa el Dòdo, on poo offenduu, "che la miglior manera de sugass saria de fà ona Corsa senza sens."

"Cosa l'è ona Corsa senza sens?" l'ha domandaa l'Alìs; minga che l'era tant interessada de savèll, ma el Dòdo el taseva come se quaivun d'alter el gh'avess de parlà, ma nissun l'era dispòst a dervì la bocca.

"Allora," l'ha dii el Dòdo, "la miglior manera de spiegalla l'è de falla." (E dato che ve podaria vegnì la voeuia de proalla anca vialter, ind on dì d'inverna, ve disaroo come l'ha faa el Dòdo a organizzalla.)

Per prima ròba l'ha marcaa el tragitt, ona specie de circol ("l'impòrta nò ch'el sia ben marcaa," l'ha dii), e poeu tutta la cricca l'è stata posizionada in sul tragitt, de chì e de là. Gh'è minga staa on "Vun, duu, trì, via!" ma gh'hann taccaa a corr quand ghe piaseva a lor, e se fermaven quand ghe n'aveven voeuia, inscì che l'era minga facil capì quand la Corsa l'era finida. A ògni guisa, dòpo ch'hann cors per ona mezz'ora o squas, e se seren tucc sugaa, el Dòdo l'ha dii de colp, "La corsa l'è finida!" e tucc gh'hinn andaa intorna, col fiadon, e domandaven, "Ma chi l'è che l'ha vengiuu?"

A sta domanda el Dòdo el podeva minga rispond subit senza dass on bell poo de pensee, e donca l'è staa on poo de temp cont el did poggiaa a la front (come te vedet semper el Shakespeare in di immagin de lù), e intant i alter spettaven in silenzi. A la fin el Dòdo l'ha dii, "*Tucc* hann vengiuu, e tucc gh'hann de vess premiaa."

"Ma chi l'è che darà el premi?" l'ha replicaa on còr de vos.

"Ma, *lee*, naturalment," l'ha dii el Dòdo, e cont on did ghe faseva segn a l'Alìs; e tucc hann faa fòlla intorna a la tosa e vosaven, "I premi! I premi!"

L'Alìs la saveva nò se fà, e in de la disperazion l'ha mettuu ona man in saccòccia e l'ha traa foeura ona scatola de benìs (per bòna sòrt l'acqua la gh'era minga andada denter), e i ha daa a tucc intorna. Ghe n'era per debon vun per ciaschedun.

"Ma anca lee la gh'ha de ciappà on premi," l'ha dii el Moriggioeu.

"Ch'el se capiss," el gh'ha giontaa seri el Dòdo. "Che alter la gh'ha in di saccòcc?" gh'ha domandaa, giraa vers de lee.

"Domà on didaa," l'ha responduu col magon la tosa.

"Che la m'el daga a mì," l'ha replicaa el Dòdo.

E tucc s'hinn faa intorna de noeuv, intant ch'el Dòdo con imponenza el ghe offriva el didaa, e el diseva, "La pregom, de

accettà quest elegant didaa;" e finii el discorsett, hann tucc
battuu i man.

L'Alìs l'ha pensaa che l'era tutt on poo foeura de matt, ma
tucc gh'aveven on contegn inscì seri che l'ha poduu nò ascass
a rid; perdepù la saveva minga cosa dì, e allora, cont on
inchìn, l'ha ciappaa scià el didaa, pussee seria che la podeva.
Restava adèss de mangià i benìs; Stà ròba l'ha provocaa on
poo de bordelleri e de cattabrega, de già che i usei grand
rognaven perchè aveven minga poduu sentì el gust, e i usei
piscinin a mandai giò s'eren squas strozzaa e gh'era toccaa
picagh in sù la s'cena. Impunemanch, a la fin tutt l'è andaa
a pòst, e s'hinn settaa giò de noeuv in circol, e gh'hann
domandaa al Moriggioeu de digh on quaicòss pussee.

"Lù el m'ha promettuu de cuntamm sù la soa stòria," l'ha dii l'Alìs, "e la rason del sò odi vers i G e i C," l'ha giontaa sòttavos, cont on poo de pagura che lù el se offendess de noeuv. "La mia l'è ona stòria longa e trista, e con la coa!" l'ha responduu el Moriggioeu, intant che cont on sospir el se girava vers l'Alìs.

"Sicur che la gh'ha la coa," l'ha dii l'Alìs intant che vardava con meravilia la coa del Moriggioeu; "Ma perchè la ciama trista?" e l'ha seguttaa a pensagh sora ind el menter ch'el Moriggioeu el parlava; inscì l'idea che la s'è fada de ona stòria con la coa l'è stada a pressapòcch questa chì:—

"Furi l'ha dii
al Moriggioeu,
che in cà
l'aveva incontraa:
'Andèmm al
Tribunal,
te voeuri
processà.—
Voeuri nò
i tò scus,
Moriggioeu
foeu dal bus:
Perchè incoeu
gh'hoo nient
de fà stà bon
l'ha dìi el
Moriggioeu
A Fury debon.
On process
car el
mè scior
senza
giudes
e giuria
faria
domà
perd
el fia
a chis-
sessìa.
'Saroo
giudes,
saroo
giuria,'
l'a dii
la Fury
e inscì te
meni via.
'Presie-
daroo
tutta
la
causa,
e te
con-
dan
na-
roo
a
mòrt.'

"Lee la presta minga attenzion!" l'ha dii el Moriggioeu a l'Alìs con vos severa. "Cosa l'è 'dree a pensà?"

"Ghe domandi scusa," l'ha responduu umilment l'Alìs: "Lù l'è rivaa a la quinta curvadura, l'è minga vera?"

"Sicur che nò!" l'ha boffaa el Moriggioeu, besios e inrabii.

"Gh'è on gròpp?" l'ha dii giò l'Alìs, semper pronta a dà ona man, intant che la se vardava intorna. "Ch'el me daga la possibilità de desfall!"

"Pròppi per nient," l'ha responduu el Moriggioeu, e l'è levaa sù, lì per lì per andà via. "Lee la me insulta a dì stì stupidad!"

"Ma mì vorevi nò!" s'è difenduda l'Alìs. "Ma lù el se offend inscì de pressa!"

El Moriggioeu per rispòsta l'ha domà sbrottaa.

"Per piasè, ch'el torna scià e ch'el finiss la soa stòria!" L'Alis donca l'ha riciamaa; e tucc i alter gh'hann dii in còr: "Sì, per piasè!" Ma el Moriggioeu l'ha scorlii el coo e cont on gest de impazienza, el s'è slontanaa pussee de pressa.

"Che peccaa che l'è nò restaa!" l'ha dii cont on sospir el Lòri, appena el Moriggioeu el se podeva pù vedè. E on vegg Gamber l'ha ciappaa l'occasion per digh a la soa tosa, "Cara la mia tosa! ch'el te sia de lezion, e regordes de perd mai la calma!"

"Te parlet tì Papi!" l'ha dii la Gamberetta on ciccinin foeura di grazzi. "Pròppi tì che te farisset perd la pazienza anca a on'òstrega!"

"Ah, se la Dina la fudess chicchinscì!" l'ha dii l'Alìs a alta vos, senza interpellà nissun in particolar. ""Lee le faria tornà indree ind on zicch!"

"E chi l'è che l'è la Dina, se poeudi permettom de domandagh" l'ha replicaa el Lòri.

L'Alìs l'ha responduu a la svelta, perchè lee l'era semper pronta a parlà de la soa gatta: "La Dina l'è la nòstra gatta.

E lee l'è verament ona campiòna a dagh la cascia a i ratt! Doarissen vedella a corregh adree a i usei! Scortaa, brancaa!" Quell discors chì l'ha causaa ona vistosa reazion ind el grupp. Quaivun di usei in volaa via de bòtt: ona veggia Gasgia la s'è involtada sù ben ben e l'ha rimarcaa, "l'è ora de tornà a cà, l'aria de la nòtt la fa minga ben a la mia gola!" E on Canarin l'ha ciamaa con la vos che barbellava tucc i sò piscinitt, "Vegnì, vegnì car i mè fioeu! L'è ora che andé ind el lett!" E inscì, cont ona scusa o con l'altra hinn tucc andaa via, e l'Alìs l'è restada deperlee.

"Hoo faa mal a nominà la Dina!" l'ha dii, magonenta, intra de lee. "Par che a nissun la ghe pias, giò chì, eppur l'è la gatta migliora del mond! Oh mia cara Dina! Me se domandi se podaroo vedètt anmò!" E chì la poeretta l'ha taccaa a piang de noeuv, perchè la se sentiva pròppi giò de còrda e tutta sola soletta. Ma on para de minutt dòpo, l'ha sentii di pass in lontananza, e l'ha vardaa sù impazienta, dato che la sperava ch'el Moriggioeu l'avèss cambiaa idea, e ch'el tornass indree per finì la stòria.

CAPITOL IV

La Casetta del Conili

L'era el Conili Bianch ch'el tornava pian pianètt indree, e el se vardava ansios de chì e de là, come se l'avess perduu on quaicòss, e el barbottava intra de lù,: "La Duchessa! la Duchessa! Oh car i mè sciampitt! Oh la mia pell e i mè barbìs! La me farà coppà, sicur come la bèllora l'è ona bèllora! Indoe poeudi avei faa andà per terra?" L'Alìs l'ha indovinaa subit che l'era adree a cercà el crespin e el para di guant bianch, e de bon coeur come l'era, la s'è dada de fà anca lee per troai, ma l'è staa inutil, perchè hinn minga saltaa foeura—pareva che tutt el fudess cambiaa da la soa noada ind el fontanin; e el salon grand, el taol de cristall e la pòrta piscinina eren sparii completament.

Prest el Conili el s'è incorgiuu de l'Alìs, intant che lee l'era adree con la soa ricerca, e l'ha vosaa con vos de inrabii, "Perchè, Marianna cosa te seet adree a fà chicchinscì? Via corr a cà subit, e portem scià on para de guant e on crespìn! Subit, adèss!" L'Alìs la s'è stremida inscì tant da quella vos che l'è corsa de bòtt, senza perd temp, vers la direzion ch'el

ghe pontava, senza nanca spiegagh el sbali ch'el Conili l'era
adree a fà.

"El m'ha ciappaa per la camerera," l'ha pensaa intra de lee
intant che la correva. "El sarà sorpres quand el scovrirà chi
l'è che son mì! Ma l'è mej portagh el crespìn e i guant, idèst,
se riessi a troai." Come l'ha dii quest, la s'è troada de front a
ona casettina, che in sù la pòrta gh'era ona piastra de otton
con scrivuu sù "Conili W." L'è andada denter, senza piccà a
l'uss, e de pressa l'è corsa al pian de sora, con la pagura che
la podess incontrà la vera Marianna, e vess casciada foeura
de cà anmò prima de troà i guant e el crespìn.

"Che curios ch'el me par," l'ha pensaa l'Alìs, "de vess
mandada a fà servizzi da on Conili! Me se spetti che poeu
anca la Dina la me mandarà a fà servizzi per lee!" e l'ha
cominciaa a fantasticà quell ch'el saria succeduu: "Signorina
Alìs! che la vegna chì subit, e che la se prepara a trottà!" 'Son
lì ind on minutt! Ma gh'hoo de fà la guardia a sto bus fin a
che la Dina la torna, inscì ch'el moriggioeu el poeuda nò
scappà.' Domà che pensi nò," l'Alìs l'ha seguttaa, "che
lassarien restà la Dina in cà se la cominciass a scomarà inscì
compagn!"

E inscì che la parlava, l'è andada dent ind ona stanzetta
bella netta e piscinina, cont on taolìn arent a la finestra, e con
sora ('me l'aveva speraa) on crespìn e duu o trì para de guant
bianch e nett; l'ha cattaa sù el crespìn e on para de guant, e
l'era adree a andà foeura, quant el gh'è vegnuu a oeugg ona
bottiglietta che l'era visina al spegg. La gh'aveva nissun
cartell taccaa sù con scrivuu "BEVOM", eppur lee l'ha
disbuscionada e la se l'è portada a i laver. "Me succedd
semper on quaicòss de straordinari," l'ha dii intra de lee,
"tutt i vòlt che bevi o mangi on quaicòss: vedèmm cosa la fa
sta bottiglia. Speri che la me farà cress de noeuv, perchè
gh'en hoo pròppi pienn i tòll de vess inscì piscinina!"

E de fatt l'è succeduu inscì, e pussee prest de quell che la se spettava: prima anmò d'avè bevuu metà de la bottiglietta, la s'è troada cont el coo ch'el premeva contra el plafon, e gh'è toccaa de piantà lì, perchè se de nò la ris'ciava de s'ceppass el còll. In quatter e quattròtt l'ha lassaa giò la bottiglia e l'ha dii, "Basta per adèss—speri de cress pù—ma inscì come son diventada a podaroo pù vegnì foeura da l'uss—Ah! magara se avariss minga bevuu inscì tant!"

Eh nò! l'era tard per pentiss! L'ha seguttaa a cress, e a cress, e prest gh'è toccaa ingenoggiass giò, perchè la podeva pù stà in pee; e dòpo on alter minutt gh'è toccaa slongass giò per terra cont el gombèt contra la pòrta, e l'alter brasc intorna al coo. E la seguttava a cress; perduu la speranza, l'ha casciaa foeu ona man da la finestra, e on pee dal camin, e la dii intra de lee "Adèss poeudi pù fà nient, qualsessìa ròba la capitarà. 'Se succedarà de mì?"

De fortuna, i effett de la bottiglietta eren finii, e inscì l'ha dismettuu de cress: impunemanch la se sentiva mal in quella situazion, e dato che gh'era minga manera de vegninn foeura, la s'è intristida assee.

"Stavi mej a cà mia," l'ha pensaa la poera Alìs, "là passavi minga el temp a cress e diventà piscinina, e a ciappà ordin da di moriggioeu o di conili. Squas, squas me se penti de vess andada dent ind el bus di conili—eppur—eppur—l'è strani sto tipo de vita! Me se domandi cosa m'è succeduu? Quand che leggevi i esempi di fat, credevi che qui ròbb lì podessen nò succed, e adèss sont chì pròppi ind el mezz de voeuna de qui stòri. Se dovaria scriv on liber di mè ventur, se dovaria pròppi! Quand saroo granda, ne scrivaroo vun—ma son giamò granda adèss," la gh'ha giontaa con vos magonenta: "almanch ghe minga spazi per cress pussee, chicchinscì."

"Ma poeu," l'ha pensaa l'Alìs, "podaroo mai diventà pussee veggia de adèss? De ona part el sariss mej—diventà mai ona veggia—ma poeu—vegh semper di lezion de imparà! Oh, me piasaria minga tant quell!"

"Ah, stupidella che te see!" la s'è responduda a lee medèmma. "Come podariet imparà di lezion chicchinscì? Ghe squas nanca el spazi per tì, come farien a entragh anca i liber?"

E inscì la passava el temp, on poo a parlà, on poo a respondes a lee medèmma. De fatt ona conversazion reala intra l'Alìs e l'Alìs; ma passaa on quai attim, l'ha sentii ona vos del de foeura e la s'è fermada per scoltà.

"Marianna! Marianna!" la ciamava la vos; "portem scià subit i guant!" E el s'è sentii on pestà de pee in sù i basei de la scala. L'Alìs l'ha pensaa che l'era el Conili ch'el vegniva a cercalla, e gh'è vegnuu ona tremaroeula de fà scoeud tutta la cà fin a i fondazion, dato che la s'era desmentegada de vess diventada mila vòlt pussee granda del Conili, e che gh'era donca minga reson de vegh pagura.

El Conili el s'è presentaa a l'uss e l'ha cercaa de dervì la pòrta, ma l'era inutil ruzà, perchè el gombèt de l'Alìs l'era schisciaa contra. L'Alìs l'ha sentii dì sòttavos "andaroo ind el dedree de la cà e vegnaroo dent de la finestra."

"Te podaree minga vegni dent!" l'ha pensaa l'Alìs, e l'ha spettaa fin a che el gh'è paruu ch'el Conili el fudess sòtta la finestra; allora l'ha dervii subit la soa man, e l'ha faa come se la voress brancà on quaicòss in de l'aria. L'ha cattaa nagòtt, ma l'ha sentii on sgar, el frecass d'ona tòma e el baccan de veder ròtt, e l'ha capii che el poarett l'era probabilment borlaa giò ind ona quai vedrina de cocumer o on quaicòss compagn.

Poeu la s'è sentida ona vos inrabida—quella del Conili— "Pat! Pat! Indoè che te see?" E l'ha responduu ona vos che lee l'aveva mai sentida prima, "Tel chì! seri dree a scavà per i pòmm de terra, illustrissim!"

"Scavà per i pòmm de terra, pròppi!" l'ha dii foeura de lù el Conili. "Ven scià subit! e damm ona man a tramm foeura de chì" (Baccan de alter veder ròtt.)

"Adèss dimm, Pat, se l'è che gh'è sù in de la finestra?"

"De sicur el me par on brasc, illustrissim!"

"On brasc! balandràn d'on balandràn! Chi l'è che l'ha mai veduu on brasc inscì gròss? Diaol, perchè l'impieniss tutta la finestra!"

"Effettivament, illustrissim: ma quell lì l'è on brasc, bell e bon."

"Bòn, ma el gh'ha nient de fà con la mia finestra: và sù e toeul via!"

Dòpo quest ghe staa on longh silenzi, poeu l'Alìs l'ha poduu sentì domà on cicciorà sòtta vos, chì e là; come: "Sicur che me pias nò, illustrissim, pròppi per el nagòtt!" "Fà come te disi, vigliacch!", allora l'Alìs l'ha dervii la man e l'ha fada girà in de l'aria de noeuv. Stà vòlta s'hinn sentii duu sgar, e anmò el baccàn de veder ròtt. "Quanti vedrinn de cocumer gh'hann de vessegh giò de sòtta!" l'ha pensaa l'Alìs. "Chissà cosa i farà dòpo! Quant a casciamm foeura de la finestra, me piasaria podessen fall! L'è certa che gh'hoo minga voeuia de restà pussee temp chicchinscì!"

L'ha spettaa per on poo de temp senza sentì pù nagòtt: poeu l'ha sentii el rumor di roeud d'on carr, e el sòn de tanti vos insema: L'ha proaa a indovinà i paròll: "Indoe l'è l'altra scala?—Perchè? mì gh'avevi de portann domà voeuna. El Bill l'ha ciappaa l'altra—Bill! Portela scià, fioeu!—Chì, mettela in sto canton chì—Nò, lighei tucc insema prima—a riven nanca a metà, anmò!—Sì, inscì l'andarà ben. Vess minga sofistich—Chì, Bill! Ciappà scià sta còrda—El tegnarà el tecc? Òccio a quell còpp ch'el se moeuv—Òccio che l'è dree a vegnì giò! Sbassé i coo!" (frecass de ròba andada in tòcch)—"Adèss, chi l'è che l'è staa? L'è staa el Bill, scommetti—Chi l'è che gh'ha de andà giò dal camin?—Nò,

nò, mì andaroo nò! *Tì te vee!*—Nò, voeuri nò!—El Bill gh'ha de andà giò—Ven scià, Bill! el padron l'ha dii che te gh'hee de andà giò dal camin!"

"Oh, l'ha pensaa l'Alìs intra de lee, "Inscì el Bill el gh'ha de vegnì giò dal camin! el par che quella gent lì la fa fà tutt el laorà al poer Bill! Voraria minga vess ind i sò pann: quell camin chì l'è bell strett, gh'è minga dubbi; ma magara podaria tiragh ona quai pesciada!"

E inscì l'ha traa indree el pee pussee che la podeva dal caminett, e l'ha spettaa fin a che l'ha sentii on animalett (la saveva nò de che razza l'era), ch'el ras'ciava e el vegniva giò adasi adasi dal camin: "el gh'ha de vess el Bill," l'ha pensaa, e la gh'ha daa on bell pesciadon e l'ha spettaa per vedè s'el succedeva.

La prima ròba che l'ha sentii l'è staa on còr de vos che diseva, "vardel là ch'el vola el Bill!" e poeu domà el Conili ch'el vosava—"Ciappél vialter che sii visin a la sces!" e poeu silenzi, e poeu on grand bordelleri de vos—"Tegnìgh el coo—On poo de brandy adèss—Fégh minga andà per travers tutt—Come l'è andada fioeu? Cosa el t'è succeduu" Cunten sù!"

E finalment la s'è sentida ona vosina debola e che la ziffolava ("L'è el Bill," l'ha pensaa l'Alìs), "Ma! El soo minga—Nient'alter che, ringraziav; Sto mej adèss—Ma sont on zicch tròpp agitaa per divel—tutt quell che regordi l'è on quaicòss 'me 'na mòlla che m'è vegnuu adòss e mì che sont schizzaa via 'me on razz!"

"T'hee faa pròppi inscì, car el mè vegg!" gh'hann dii i alter.

"Dèmm foeugh a la cà!" l'ha dii giò el Conili, ma l'Alìs l'ha subit vosaa con tutt el fiaa che la gh'aveva, "S'el fii, ve casciaroo adree la Dina!"

Gh'è stat subit on gran silenzi, e l'Alìs l'ha pensaa, "Me se domandi cosa farann adèss! Se gh'avarissen el coo in sù i spall, desquattarien el tecc." Passaa on minutt o duu, hann cominciaa a moeuves de noeuv, e l'Alìs l'ha sentii el Conili ch'el diseva, "Ona carrettada la basterà per comincià!"

"Ona carrettada de *cos'è*?" l'ha pensaa l'Alìs; ma el dubbi el gh'è restaa minga tant temp perchè, d'on tratt ona scarega de sass l'ha cominciaa a pestà contra la finestra, e ona quai l'ha ciappada in sul faccin. "Gh'hoo de fai desmett," l'ha pensaa, e l'ha vosaa: "Fariov ben a proàgh nò on'altra vòlta!" Stì paròll hann causaa on alter silenzi general.

L'Alìs l'ha notaa con sorpresa che i sassitt se trasformaven in volovàn appena toccaven el paviment, e subit la gh'è vegnuda in ment ona idea brillanta. "Se proeuvi a mangià vun de stì volovàn," l'ha pensaa, "sicurament i farà cambià on quaicòss in de la mia altezza; e consideraa che podarann minga famm diventà pussee granda, credi che diventaroo pussee piscinina, mì pensi!"

E inscì l'ha mangiaa on volovàn, e subit la s'è rallegrada de vedèss tornà piscinina. Appena la s'è sentida de la misura giusta per andà foeura de la pòrta, l'è corsa foeura de la cà, e l'ha donca incontraa ona calca de animalitt e uselitt che spettaven foeura. La poera Luserta (che l'era el Bill) la stava ind el mezz, tegnuda sù da duu Poscellitt d'India, che je daven on quaicòss da ona bottiglia. Appena l'Alìs l'è comparsa, hann faa tucc per saltagh adòss; ma lee l'è scappada via pussee de pressa che la podeva e la s'è troada sana e salva ind on bosch.

"La prima ròba che gh'avaroo de fà," l'ha pensaa l'Alìs intra de lee, intant che la andava a stondera per el bosch, "l'è de cress a la mia altezza giusta de noeuv; e la seconda ròba l'è de cercà de andà dent in quell bellissim giardin. Pensi che quesschì l'è el pian miglior."

E del davvera el pareva on pian de tutt rispett, senza dubbi; ma el problema maggior l'era che lee la saveva nanca de 'ndoe comincià; e intant che la guzzava l'oeugg in tra i piant del bosch, on piccol boià acutt pròppi sora el sò coo, l'ha fada vardà subit in alt.

On moffin foeura de misura l'era adree a vardalla cont i sò oggion tond, e che slongava vun di sciampitt per toccalla. "Poer piscinin!" l'ha dii l'Alìs con vos amorosa, e l'ha proaa a ziffolagh; ma la gh'aveva ona pagura bestia de già che la pensava ch'el podess vess famaa, e in quell rispett l'avaria divorada a dispett de i fest che la ghe faseva.

Senza savè ben se fà, l'ha cattaa sù on ramett, e ghe l'ha faa vedè al cagnoeu; quesschì l'ha taccaa a saltà in aria 'me on matt, cont on sguagn de contentezza, el s'è slanzaa adree al ramett, come s'el voress sbranall: allora l'Alìs la s'è casciada dedree d'on cardon bell alt, per vess nò pestada sòtta ai sciamp; quand l'ha casciaa foeura el coo da l'alter fianch, l'ha veduu ch'el cagnoeu l'era saltaa anmò adòss al ramett e l'era andaa a gamb a l'aria per la pressa de ciappall; e dato che a l'Alìs ghe pareva che l'era compagn de scherzà con on cavall de tir, inscì, per evità de vess schisciada da i sciamp de la bestia, la s'è scondida anmò dedree del cardon: allora el cagnoeu l'ha taccaa anmò di caregh al ramett, e ogni

vòlta el se slontanava semper pussee per ciappall, e el boiava
'me on matt fin a che el s'è scrusciaa giò, bofforent e con la
lengua foeura de la bocca, e cont i oeugg mezz saraa.

L'Alìs l'ha ciappaa sta occasion per menà i tòll: e corr, corr
fin a che, stracca e senza fiaa, el boià del cagnoeu el se sentiva
domà in lontananza.

"Eppur l'era pròppi on bell moffin quell lì!" l'ha dii l'Alìs,
intant che la se poggiava a on ranuncol e la se faseva aria con
voeuna di foeuj. "Me saria pròppi piasuu insegnagh di

gioeugh se—fudessi stada de la giusta altezza! Poera mì! me seri desmentegada che gh'hoo de cress anmò! Famm vedè—come podaria fà? Pensi che dovaria mangià o bev on quaicòss; ma la domanda l'è, cosè?"

Certament la quistion l'era quella, "Cosè?" l'Alìs la s'è vardada intorna, ai fior e ai fil d'erba, ma l'ha veduu nagòtt ch'el podess vegh l'aria de vess mangiaa o bevuu, in nissuna circostanza. Gh'era però on fonsg bell gròss lì visin, pressapòcch alt compagn de lee, e dòpo che l'ha vardaa del de sòtta, ai fianch e dedree, el gh'è paruu natural vedè anca cosa gh'era sora.

L'è levada sù in ponta de pee, e l'ha vardaa dal bòrd del fonsg, e tella lì che i sò oeugg s'hinn incontraa con quei d'ona camola, che l'era settada sora cont i brasc incrosaa, e la fumava quietta ona longa pipa turca, e che la ghe faseva nanca attenzion a lee o a nissun'altra ròba lillìnscì intorna.

CAPITOL V

I Consili d'ona Camola

La Camola e l'Alìs s'hinn vardaa in faccia per on quai moment, senza dì nagòtt; a la fin la Camola l'ha traa foeura la pipa da la bocca, e con vos languida e indormenta l'ha dii "Chì l'è *lee?*"

L'era de sicur minga ona manera per incoraggià ona conversazion. L'Alìs l'ha responduu, timida "A dì la verità— mì savaria nò dill, al moment—almanch savevi chi seri stà mattina, quand son levada sù, ma me sà che son cambiada on bell poo de vòlt da allora."

"Cosa la voeur dì con stà ròba" l'ha dii la Camola. "Che la sia pussee ciara!"

"Gh'hoo pagura de podè minga spiegass, me dispias!" l'ha dii l'Alìs, "Perchè a son pù mì medemma, come el poeu vedè."

"Mì vedi nò!" l'ha responduu la Camola.

"Me dispias, ma pensi che poeudi minga dill in manera pussee ciara," la gh'ha giontaa l'Alìs in manera educada, "perchè el capissi minga tròpp nanca mì; mudà de altezza inscì tanti vòlt ind on dì, el me sconfond on bell poo."

"L'è nò vera," l'ha dii la Camola.

"Bòn, magara l'ha minga nancamo proaa," l'ha dii l'Alìs, "ma quand lù el mudarà ind ona strazza—e ghe succedarà on dì—e dòpo quell ind on parpaj, pensi ch'el se sentarà on poo strani, anca lù!"

"Pròppi per el nagòtt!," l'ha responduu la Camola.

"Ben, magara la manera de sentiss la podarà vess differenta," l'ha dii l'Alìs; "Quell che poeudi dì l'è che *mì* me se sentaria strana."

"Lee!" l'ha dii la Camola con sprezz. "Chì l'è *lee*?"

E inscì hinn tornaa al princippi de la conversazion. L'Alìs la s'è sentida on poo inversada a vedè che la Camola la ghe respondeva inscì secch, e allora l'ha traa foeura el stomigh e l'ha dii greva, "Perchè el comincia minga *lù* a dimm chi l'è che l'è *lù?*"

"Perchè?" l'ha responduu la Camola.

Quella lì l'era ona domanda da mett in imbarazz; e dato che l'Alìs la podeva troà nò ona bòna reson, e la Camola la pareva minga de luna bòna, lee la se voltada per andà via.

"Che la vegna chì!" l'ha riciamada la Camola. "Gh'hoo on quaicòss de important de digh."

Qui paròll lì prometteven ben e l'Alìs l'è donca tornada indree.

"Che la se indisponga nò," l'ha dii la Camola.

"E quest l'è tutt?" l'ha responduu l'Alìs, intant che la cercava de trattegnì l'inversadura mej che la podeva.

"Nò," l'ha dii la Camola.

L'Alìs l'ha pensaa che la podeva spettà, perchè la gh'aveva nagòtt de mej de fà, e forsi perchè la Camola la podeva vegh on quaicòss de important de digh. Per on quai moment la Camola l'ha seguttaa a fumà la pipa senza dì nagòtt, poeu a la fin l'ha distenduu i brasc, la s'è trada via la pipa da la bocca e l'ha dii, "E inscì lee la pensa de vess cambiada?"

"Gh'hoo pagura de sì, cara la mè sciora," l'ha responduu l'Alìs, "me se regordi pù ben i ròbb 'me ona vòlta—e resti pù de la stessa altezza per pussee de des minutt!"

"Quai ròbb la poeu nò regordà?" l'ha domandaa la Camola.

"Bòn, gh'hoo proaa a recità *'Rondinina porporina'* ma l'è vegnuda foeura tutta differenta!" la gh'ha giontaa magonenta l'Alìs.

"Che la ripett *'Pader Guglielm, tì te see vegg'*, l'ha dii la Camola.

L'Alìs l'ha incrosaa i man e l'ha cominciaa:—

"*Pader Guglielm, tì te see vegg,*" *gh'ha dii el*
  gioinett,
"*hinn bianch i tò cavei, e te meritet rispett;*
eppur a coo in giò, te vedi camminà,
ma 'l poeu vess convenient a on vegg inscì andà?"

"*Quand seri gioinett,*" *l'ha responduu el veggett,*
"*pensavi che sto gioeugh, girass el cervellett*
ma adèss che son convint, che in crappa gh'hoo
  nagòtt,
col coo in giò mì voo, e senti nanca i bòtt."

"Guglielm ma te see vegg," el gh'ha giontaa el fiolett
"seet gròss e, tond e brutt, compagn d'on grass
        porscell,
te giret 'me 'na roeuda, arent a quella pòrta
ma dimm come te fee a fà restalla averta?"

"Quand seri gioinett" l'ha responduu el veggett
"me se tegnevi elastich,
e grazie a stà pomada, on franch per on vasett,
t'en voeu crompà on para, oh car el mè gioinett?"

"Guglielm tì te see vegg, hinn vegg anca i ganàss,
podariet mangià 'na suppa, minestra e minga i
    sass,
ma t'hee sbafaa on'òca, coi òss e anca el becch,
Guglielm ma dimm on poo, com'è che ti fee secch?"

"On temp studiavi legg," el pader l'ha giontaa,
"e con la mia miee querell e litigà,
inscì i mè ganass, la fòrza gh' hann ciappaa,
e adèss che mì son vegg, de tutt poeudi mangià."

"Guglielm tì te see vegg," segutta el gioinett,
"i oeugg hinn minga bon e a tì te fann difett,
ma in equilibri portet, in sul tò nas ona inguilla,
come te fee a moeuves e inscì ben a portalla?"

"Assee hinn trè domand, e già t'hoo responduu,
t'hee faa el stupidòtt pussee che t'hee poduu,
adèss l'è tutt el dì che mì son chì a scoltà,
desmett o se de nò i scal te foo tomà."

"L'ha minga recitada ben," l'ha dii la Camola.

"Minga giusta assee," l'ha responduu timida l'Alìs, "ona quai paròla l'è cambiada."

"L'è sbagliada dal princippi a la fin," l'ha dii la Camola con fà decis; e gh'è staa on silenzi per on quai moment.

Poeu la Camola l'è stada la prima a parlà de noeuv.

"Quant alta la voeur vess?" l'ha domandaa.

"L'è minga l'altezza in dettali che la me interessa," l'ha dii de pressa l'Alìs, "domà che voeuri minga mudà inscì de spess, le sa!"

"Mì soo nagòtt," l'ha dii la Camola.

L'Alìs l'ha minga fiadaa: l'era mai stada contradida inscì tanti vòlt in de la soa vita, che l'era lillinscì per s'cioppà.

"L'è contenta de come l'è adèss?" l'ha domandaa la Camola.

"Bòn. me piasaria vess on *ciccinin* pussee granda, s'el ghe dispiass nò," l'ha dii l'Alìs: "trii did hinn on poo on'altezza misera da vess!"

"Inscambi l'è ona bòna altezza, questa chì!" l'ha dii la Camola indispettida, e intant che la parlava la s'è drizzada sù (de fatt lee l'era alta pròppi trii did).

"Sì, ma mì son minga abituada!" la gh'ha giontaa l'Alìs con vos carezzosa e magonenta. E poeu intra de lee l'ha pensaa: "Me piasaria che stì creadur se offendessen minga semper per el nagòtt!"

"La se abituarà cont el temp," l'ha dii la Camola; e la s'è missa la pipa in bocca e l'ha ricominciaa a fumà.

Sta vòlta l'ha spettaa l'Alìs, con pazienza, per vedè se la taccava a parlà anmò. Passaa duu o trii minutt la Camola l'ha traa foeura la pipa de bocca, l'ha sbadiliaa on poo e la s'è dada ona scorlida. Poeu l'è vegnuda giò dal fonsg, l'è strusada via in de l'erba, e l'ha domà commentaa: "Ona part la ve farà cress pussee, e l'altra part la ve farà diminuì."

"Ona part de *cos'è*? l'altra part de *cos'è*?" l'ha pensaa l'Alìs intra de lee.

"Del fonsg," l'ha dii la Camola, come se l'Alìs l'avess interrogada a vos alta; e subit l'è sparida.

L'Alìs l'è restada lì, pensierosa, che la vardava el fonsg e la cercava de fass ona idea de quai fudessen i dò part; e consideraa che l'era tond 'me ona balla, la saveva pròppi minga come troai. Impunemanch, l'ha slongaa i brasc intorna al fonsg pussee che la podeva, e l'ha scarpaa via on tocchett con ciaschedoeuna di dò man.

"E adèss, qual'è vun e qual'è l'alter?" l'ha dii intra de lee e la gh'ha daa ona sgagnadina al tocchett che la gh'aveva in de la dritta, inscì da proann l'effett. Subit l'ha sentii on colp violent sòtta al barbòzz: l'aveva piccaa contra el sò pee!

Quell mudà in quatter e quattròtt l'ha stremida minga pòcch, ma gh'era minga temp da perd, perchè l'era adree a sparì a la svelta; inscì l'ha subit piaa l'alter tocchett. El sò barbòzz l'era inscì taccaa al pee che la faseva adrittura fadiga a dervì la bocca; a la fin la gh'è reussida a mandà giò on boccon del tocchett de la man manzina.

"Ah finalment poeudi moeuv el coo!" l'ha dii giò l'Alìs con contentezza, ma de bòtt la soa legria la s'è mudada in stremizzi quand la s'è resa cunt che la troava pù i sò spall: intant che la vardava giò, la podeva vedè nagòtt d'alter che on còll longhissim, ch'el pareva on fil d'erba che vegniva sù in mezz a on mar de foeuj verd traa giò lontan de lee.

"Cosa la poeu vess tutta quella ròba verda?" l'ha dii l'Alìs. "E indoe hinn andaa i mè spall? Oh poera mì! e com'è che vedì pù nanca i mè poer man? E je moveva, intant che la parlava, ma el pareva ch'el succedeva nagòtt, a part vedè barbellà on zicch in mezz a i foeuj verd a distanza.

Dato ch'el pareva minga possibil portà i man al coo, l'ha proaa a piegà el coo vers i man, e el gh'ha faa piasè vedè che el sò còll el se podeva piegass in ògni direzion, compagn de on serpent. La gh'era anca reussida a curvall in giò a forma de zig zag, e l'era lillinscì per casciall giò in mezz a i foeuj, quand la s'è resa cunt ch'eren nient'alter che i scimm di piant doe la s'era troada a camminà. Poeu l'ha sentii on siffolà acutt e la s'è trada indree de pressa: on gròss pivion el gh'era volaa adòss e, foeura de lù, el ghe sbatteva i al contra la soa faccia,

"Serpent!" l'ha vosaa el Pivion.

"Son minga on serpent, mì!" l'ha dii, inrabida, l'Alìs. "Via de chì!"

"Serpent, disi!" l'ha faa ancamò el Pivion, con vos pussee dismissa, e el gh'ha giontaa sanguttent, "Gh'hoo proaa de tutt, ma l'è servii a nagòtt!"

"Gh'hoo nanca la pussee pallida idea de quell che l'è 'dree a dì," l'ha dii l'Alìs.

"Gh'hoo proaa i radis di piant, hoo proaa i argin, hoo proaa i sces," l'ha seguttaa el Pivion senza fagh caso a lee; "ma i serpent! gh'è minga manera de contentai!"

L'Alìs l'era semper pussee meraviliada, ma l'ha subit pensaa che l'era inutil parlà fin a che el Pivion l'avèss minga finii.

"Come s'el fudess minga già on bell de fà coà i oeuv," l'ha dii el Pivion, "ma gh'hoo de fà la guardia dì e nòtt per i serpent! Hinn trè settimann che sari sù minga i oeugg!"

"Me dispias vedell inscì cruzziaa," l'ha dii l'Alìs, che la cominciava a capì cosa l'era el problema.

"E giust quand avevi scernii foeura l'alber pussee alt del bosch," l'ha seguttaa el Pivion cont ona vos disperada, "e credevi de vessom liberaa de lor, tei chì che pieouven giò dal ciel! Brutt serpentasc!"

"Ma mì son *minga* on serpent, gh'el disi anmò 'na vòlta!" l'ha responduu l'Alìs, "Mì sont ona—mì sont ona—"

"Bòn! Chi l'è allora lee?" l'ha domandaa el Pivion. "Me par che lee l'è adree a cercà de gabolàmm!"

"Mi—mì sont ona tosetta," l'ha responduu l'Alìs, ma squas che la fudess minga convinta, che la se regordava de tucc i traformazion che l'aveva passaa quell dì lì.

"Bella storiella!" l'ha dii el Pivion con grand sprezz. "Hoo veduu tanti tosanett in de la mia vita, ma nissuna cont on còll compagn, Nò, nò! Lee l'è on serpent; e serviss a nagòtt negall. Ghe scommetti che la me disarà che l'ha mai tastaa on oeuv!"

"Ma sì che gh'hoo tastaa i oeuv," l'ha giontaa l'Alìs, che l'era ona tosetta che la diseva semper la verità; "Anca i tosanett mangien i oeuv, tant quant i serpen, le sa nò?"

"Ghe credi nò," l'ha dii el Pivion; "ma se fann inscì, allora hinn compagn d'ona specie de serpent, l'è tutt quell che podaria dì."

Questa l'era ona idea noeuva per l'Alìs, che l'ha faa citto per on quai minutt; el Pivion n'ha profittaa per giontagh, "Lee l'è in gir a cercà oeuv, mì son sicur; e me frega nagòtt a mì se l'è ona tosa o on serpent?"

"Ma el me importa a mì tantissim," l'ha responduu subit l'Alìs; "e mì son minga adree a cercà oeuv; e ancaben fudessi adree a cercai a voraria minga i sò; Cruu me piasen nò!"

"Via de chì, allora!" l'ha dii el Pivion e intant ch'el barbottava el s'è scrusciaa giò ind el nid. L'Alìs la s'è sbassada mej che la podeva fra i piant, perchè la seguttava a ciappà dent in di ramm cont el sò còll, e de spess la gh'aveva de fermass per desgarbiàss. Dòpo on quai moment la s'è regordada che la gh'aveva anmò i duu tocchett de fonsg in di man, e la s'è missa adree con cura a piànn prima vun e poeu l'alter, e inscì la cresseva e la se sbassava, fin a chè l'è reussida a tornà a la soa altezza giusta.

L'era passaa del temp da quand l'era stada de la giusta misura, e al primm moment el gh'è sembraa strani; ma in pòcch minutt la s'è bituada e l'ha taccaa adree a parlà intra de lee come al sòlit. "Bòn, sont a metà del mè pian! Che strani tutti sti cambiament! Son mai sicura de quell che poeudi diventà da on minutt a l'alter! Impunemanch a son tornada de la misura giusta: adèss bisògnaria pensà al moeud de andà dent ind el bell giardin—come podaria fall, pagaria per savell!" E intant che la diseva stì paròll, l'è rivada ind ona piazza che la gh'aveva ind el mezz ona casetta alta quatter pee. "Chissessìa ch'el ghe staga de cà," l'ha pensaa l'Alìs, "el conveniaria nò andai a troà con questa altezza; ghe faria ciappà ona sgaggia de fagh vegnì on colp!" E inscì l'ha ricominciaa a pià on tocchett che la gh'aveva in de la man dritta, e la s'è minga olzada a vesinass, fin a che la s'è sbassada tant da vess noeuv pòllez de altezza.

CAPITOL VI

Porscell e Pever

Per on quai attim la s'è fermada a vardà la cà, e la saveva minga se fà, quand a on tratt dal bosch l'è rivaa on serv in livrea—(l'ha ciappaa per on serv perchè l'era in livrea, se de nò, a vardagh el mus, l'avaria pensaa che l'era on pes)—che l'ha piccaa fòrt cont i noued de la man in sù l'uss. La pòrta l'è stada sbarattada da on'alter serv in livrea, cont on mus tond, e di oeugg gròss compagn de quei d'ona rana; e l'Alìs l'ha notaa che tucc duu gh'aveven di perucch in sul coo, tucc pien de rizz e inzipriaa. Stà ròba la g'ha mettuu curiosità, e donca l'è vegnuda on ciccinin pussee de foeura del bosch per scoltà de sfròs.

El primm Pess-Serv l'ha traa foeura de sòtta el brasc on letteron, squas grand compagn de lù, e ghe l'ha presentaa a l'alter, e intant el diseva con vos de tutt rispètt, "Per la Duchessa. On invit de la Regina per giugà ona partida de croquet." La Rana-Serv l'ha responduu cont el stess tòno de vos, ma el diseva i paròll al contrari, "De part de la Regina. On invit a la Duchessa per giugà ona partida de croquet."

E tucc duu gh'hann faa on inchin fin a terra, e i sò rizz
s'hinn ingarbujaa insema.

A l'Alìs la gh'è s'cioppada ona ridada, e gh'è toccaa scondes
ind el bosch per pagura de vess sentida; e quand l'è tornada
a vardà, el Pess-Serv l'era andaa via, e l'alter l'era settaa giò
per terra arent a l'uss, ch'el vardava el ciel come on marter.

L'Alìs la s'è vesinada pianin pianett a la pòrta e l'ha piccaa.

"Serv a nagòtt piccà," l'ha dii el Serv, "e per dò reson. La
prima l'è che mì son da la stessa part de la pòrta indoe la stà
anca lee; la seconda perchè denter hinn adree a fà on tal
bordeleri che nissun el podarà sentilla." E debon se sentiva
on gran baccan denter—on sbragalà e on sternudà senza fin,

e ògni tant on frecass, come se on tond o ona pignatta l'andass a tòcch.

"De grazia," l'ha dii l'Alìs, "cosa dovaria fà per podè andà denter?"

"El sò piccà el podaria vegh on sens," el Serv l'è andaa innanz, senza dagh importanza a lee, "se ghe fudess ona pòrta intra de numm. Per esempi se lee la fudess *denter*, la podaria piccà, e mì la faria vegnì foeura, la capiss?" E el seguttava a vardà el ciel intant ch'el parlava; e a l'Alìs ghe pareva minga educaa. "Ma forsi el poeu minga fann a men," l'ha dii intra de lee; "i sò oeugg hinn inscì visin a la scima de la crappa! El podaria però respond a ona quai domanda—Come podaria fà per andà denter?" l'ha domandaa l'Alìs a vos alta.

"Mì me se settaroo chicchinscì," l'ha osservaa el Serv, "fin a doman mattina—"

In quell attim el s'è dervii l'uss de la cà, e on tond gròss l'è volaa vers el coo del Serv, el gh'è passaa arent al nas, e poeu l'è andaa a tòcch contra ona pianta che l'era dedree de lù.

"—o fin a passaa doman, magara," l'ha seguttaa el Serv ind el stess tòno de vos, come s'el fudess succeduu nagòtt.

"Come podaria fà per andà dent?" l'ha domandaa de noeuv l'Alìs a vos alta.

"Ma lee la gh'ha de andà dent?" l'ha responduu el Serv. "Questa l'è la quistion, le sa."

E de fatt l'era la quistion; solament, a l'Alìs ghe piaseva minga che ghe faseven stì domand. "L'è terribil," l'ha sbrottaa intra de lee, "la manera che discutten stì besti. Hinn bon de fatt diventà matt!"

El Serv l'ha ciappaa l'occasion per fà de noeuv la soa osservazion, con di differenz: "Mì staroo settaa chicchinscì, impunemanch, per di dì e dì."

"Ma se gh'hoo de fà mì?" l'ha domandaa l'Alìs.

"Quell che la voeur," l'ha responduu el Serv, e s'è miss adree a siffolà.

"L'è inutil parlà con lù," l'ha dii l'Alìs, che l'aveva perduu la pazienza. "L'è on idiòta complett!" L'ha dervii la pòrta e l'è andada denter.

Quell'uss el menava drizz a ona cusina ariosa, che l'era piena de fumm de scima a fond: la Duchessa l'era settada ind el mezz in sù on scagnell a trii pee, e la cunava on fiolin; la coeuga l'era de front ai fornei, che la m'esciava on pignatton ch'el pareva pien de minestra.

"De sicur gh'è tròpp pever in quella minestra!" l'ha dii l'Alìs intra de lee, de già che la podeva minga trattegnìss dal sternudà.

Ma gh'era debon tròpp pever in de l'aria. Anca la Duchessa la sternudava ona quai vòlta; per minga parlà del fiolin ch'el faseva minga alter che sternudà e vosà, l'un l'alter, senza fermass. I unich che sternudaven nò, eren la coeuga, e on gatt gròss ch'el stava giò in cruscion arent al fogoraa e ch'el ghignava da oregg a oregg.

"Che la me diga, de grazia," l'ha domandaa l'Alìs, con ritègn, perchè l'era minga sicura se l'era de bòna creanza comincià a parlà per prima, "perchè el sò gatt el ghigna inscì?"

"A l'è on Gatt del Cheshire," l'ha responduu la Duchessa, "tel lì el perchè, Porscell!"

E l'ha pronunciaa l'ultima paròla inscì con violenza che l'Alìs l'è saltada sù; ma subit la s'è resa cunt che gh'el diseva al fiolin, e minga a lee, e inscì l'ha ciappaa coragg, e l'ha seguttaa:—

"Savevi nò che i Gatt ghignaven in quella manera: anzi savevi nanca che podeven ghignà."

"Tucc poeuden," l'ha responduu la Duchessa; "e la maggior part ghignen."

"Mì ne conossi nanca vun ch'el ghigna," l'ha replicaa l'Alìs con tutt el rispett, e contenta che la podeva fà conversazion.

"Lee la sa minga tròpp, allora," l'ha dii la Duchessa; "e quest l'è tutt!"

A l'Alìs el gh'è minga piasuu el tòno de quella rispòsta, e l'ha pensaa de cambià discors. Intant che la scerniva on argoment, la coeuga l'ha tòlt via dal foeugh el pignatton de la minestra, e subit la s'è missa adree a tiragh tutt quell che ghe capitava sòtta i man a la Duchessa e al fiolin—prima hinn volaa i molletton del foeugh; poeu ona serie de pignatt, pignatton e tond. La Duchessa la gh'ha minga faa caso, impunemanch quand i ha ciappaa adòss; e el fiolin el caragnava già inscì fòrt ch'el se capiva nò se i colp ghe faseven mal o men.

"Per piasè, la faga attenzion a quell che la fa!" l'ha vosaa l'Alìs, che la saltava de chì e de là tutta stremida. "Te saludi nasin!" l'ha seguttaa a dì, intant che ona pignatta la gh'è volada visin al nas del fiolin, e pòcch l'è mancaa che gh'el portava via.

"Se ògnidun el pensass a i sò affari," l'ha esclamaa la Duchessa con vos garboeusgenta, "el mond el giraria pussee rapid de quell ch'el fa adèss."

"Ma quell el saria minga on vantagg," l'ha dii l'Alìs, contenta de podè mett in mostra i sò conoscenz. "La pensa che rebelòtt cont el dì e la nòtt! Lee la sa che la terra la ghe impiega ventiquattr'or per giragh intorna al sò ass, de sicur—"

"A propòsit de segur!" l'ha dìì la Duchessa, "tajégh el coo!"

L'Alìs l'ha vardaa con ansia a la coeuga per vedè se la ubbidiva a l'ordin; ma la coeuga l'era ciappada a menà la minestra, e el pareva che l'avèss minga scoltaa, e donca l'è andada innanz a dì: "Ventiquattr'or, credi; o dodes! Mì—"

"Oh, che la mè secca nò," l'ha dii la Duchessa; "Gh'hoo mai sopportaa i numer!" E l'ha ricominciaa a cunà el fiolin, e intant la ghe cantava ona nìnanana, e la ghe dava on scorlidon a la fin de ògni stròfa:—

"Parlega dur al tò fiolin,
dagh on s'giaffon s'el sternudiss;
Perchè le fà domà per dì
perchè le sà ch'el te stufiss!"

CÒR
(Cont el qual s'hinn giontaa la coeuga e el fiolin)—
"Fiss! Fiss! Fiss!"

Intant che la Duchessa la taccava con la seconda stròfa, la faseva saltà con violenza el fiolin sù e giò, e el poarett el vosava inscì tant che l'Alìs la podeva appena sentì i paròll:—

"Ghe parli dur al mè fiolin,
ghe picchi on poo s'el sternudiss,
perchè el caragna domà per dinn
ch'el nòster pever el ghe stufiss!"

Còr

"Fiss! Fiss! Fiss!"

"Che le ciappa scià! La poeu cunall lee on poo, se la voeur!" l'ha dii la Duchessa a l'Alìs e, intant che la parlava, la gh'ha miss el fiolin in di brasc. "Mì gh'hoo de andà a preparamm per giugà ona partida de croquet con la Regina," e appena finii de dill l'è scappada foeura de la stanza. La coeuga la gh'ha tiraa adree ona pignatta e gh'è mancaa pòcch che la ciappass.

L'Alìs l'ha brancaa el fiolin cont ona quai difficoltà, perchè l'era on creadurin strani; e i sò man e i sò pee tripillaven da tutt i part, "pròppi compagn d'ona stella marina," l'ha pensaa l'Alìs. El poarett, quand l'Alìs l'ha brancaa, el boffava 'me 'na macchina a vapor, e el seguttava a stòrges e a stirass, d'ona manera che lee l'ha faa ona fadiga del mond a tegnill scià.

Quand la tosetta l'ha troaa la manera giusta per cunall (Ch'el consisteva in del fall sù ind ona sòrta de gròpp, e ciappall ben per l'oreggia dritta e per el pee manzin, inscì ch'el podess minga desgroppass) l'ha menaa a l'aria averta. "Se porti nò via sto fiolin con mì," l'ha osservaa l'Alìs, "l'è certa che vun de qui dì chì le copparann; saria minga colpevola anca mì s'el lassàssi indree?" I ultim paròll i aveva dii a vos alta, quand el poarett el s'è miss adree a grugnì in rispòsta (l'aveva anca desmettuu de sternudà). "Grugniss minga," l'ha dii l'Alìs; "l'è minga la manera de cercà de fass intend, inscì."

El fiolin l'ha grugnii de noeuv, e l'Alìs la gh'ha daa on oeugg con ansia per vedè cosa el gh'avess. El gh'aveva on nas ch'el girava tutt in sù, e l'era foeura de dubbi ch'el pareva pussee a on grugn che a on nasin natural; e poeu i oeugg diventaven inscì piscinin che pareven minga quei d'on fiolin: Tutt insema quella cera la ghe piaseva nò a l'Alìs, sul serì!

"Forsi l'è 'dree a sangottà," l'ha pensaa lee, e la gh'ha vardaa i oeugg de noeuv, per vedè se gh'eren di lacrim.

Ma ghe n'eren nò. "Poer piscinin, se te se mudet ind on porscelin," l'ha dii seria l'Alìs, "mì voeuri pù vegh nient a che fà con tì. Sta attent donca!" El poarett el s'è miss adree a sanguttà de noeuv (o el grugniva, ma l'era difficil distingu), e hinn andaa innanz per on poo in silenzi.

L'Alìs l'aveva appena cominciaa a pensagh sora, "Cosa faroo con sta creadura quand che rivaroo a cà?" e subit lù l'ha grugnii de noeuv, e inscì fòrt, che tutta stremida la s'è missa a vardall anmò in faccia. Sta vòlta ghe n'era pù de dubbi: l'era on porscellin bell e bon, e la s'è resa cunt che gh'era nò reson de portall anmò pussee.

Inscì l'ha poggiaa la creadurina per terra, e la s'è sentida trada sù quand la vist che l'è trottada via quietta quietta ind el bosch. "S'el fudess diventaa grand," l'ha pensaa intra de

lee, "saria staa on fioeu pròppi brutt; ma inscambi el diventarà on bellissim porscell, credi." E la memoria la gh'è andada a di fioeu che la conosseva, che avarien poduu viv ben anca come porscei, e la pensava intra de lee, "se vun el conossess la manera per trasformai—" In quel menter el gh'è vegnuu squas on colp, quand l'ha veduu el Gatt del Cheshire settaa sora on ramm d'ona pianta, a pòcch meter de distanza.

El Gatt l'ha faa domà ona ghignada quand l'ha veduu l'Alìs. El par de luna bòna, l'ha pensaa; impunemanch el gh'ha i ong tròpp guzz, e el gh'ha tròppi dent, e donca me toccarà trattall con riguard.

"Miscìn del Cheshire," l'ha cominciaa, on poo timorada, perchè la saveva nò se a lù ghe piasess vess ciamaa inscì; nonostant quell, lù l'ha ghignaa anmò pussee ciar e nètt.

"Bòn, el par che ghe piasa fin adèss," l'ha pensaa l'Alìs, e l'ha seguttaa. "El podaria dimm, per piasè, che strada gh'hoo de ciappà de chì?"

"Quell el dipend indoe la voeur andà," gh'ha responduu el Gatt.

"M'interessa minga indoe—" l'ha dii l'Alìs.

"Allora el fa minga differenza savè quale strada ciappà," l'ha responduu el Gatt.

"—basta che la riva ind on *quai loeugh*," l'ha giontaa l'Alìs per spiegass mej.

"Bòn, de sicur la rivarà," l'ha dii el Gatt, "basta camminà assee, che se riva."

L'Alìs l'ha pensaa ch'el se podeva negà nò quell che l'aveva dii, inscì l'ha proaa a fagh on'altra domanda. "Che razza de gent la sta de cà chicchinscì intorna?"

"In quella direzion *là*," l'ha dii el Gatt, con la sciampa che faseva segn a dritta, "el gh'ha la cà el Cappellee: e in quell *altra* direzion," e el faseva segn a manzina, "la sta de cà ona Legora Marziroeula. La poeu visità chi la voeur: hinn tucc duu matt."

"Ma mì voeuri minga andà in mezz ai matt," l'ha dii l'Alìs.

"Ah per quell la poeudi minga iuttà," l'ha responduu el Gatt, "semm tucc matt chicchinscì. Mì son matt. Lee l'è matta."

"Com'el fa a savè che son matta?" l'ha domandaa l'Alìs.

"La gh'ha de vessel," l'ha dii el Gatt, "o la saria minga vegnuda chì."

A l'Alìs la ghe pareva minga ona bòna reson; a bon cunt, l'ha seguttaa: "E lù, come fa a savè de vess matt?"

"Per comincià," l'ha dii el Gatt, "on can l'è minga matt, l'è daccòrd?"

"El suppòni," l'ha responduu l'Alìs.

"Bòn," l'ha seguttaa el Gatt, "on can el rògna quand l'è inrabii, e el mena la coa quand l'è content. Adèss, mì rògni

quand che son content, e meni la coa quand me se inrabissi. Donca son minga tròpp giust."

"Mì el ciamaria fronfronà, minga rognà," l'ha dii l'Alìs.

"Che le ciama come la voeur lee," l'ha dii el Gatt. "La va da la Regina a giugà al croquet incoeu?"

"Me piasaria pròppi," l'ha responduu l'Alìs, "ma m'hann nancamò invidaa."

"La me troarà da lee," l'ha dii el Gatt, e l'è andaa via.

L'Alìs l'era nò meraviliada da tucc stì ròbb; l'era adree a bituass a i ròbb strani. E intant che la osservava el ramm doe el Gatt el s'era settaa, tel lì ch'el salta foeura de noeuv.

"A propòsit, se gh'è succeduu al fiolett?" l'ha dii el Gatt, "me s'eri desmentegaa de domandà!"

"L'è mudaa ind on porscelin," l'ha responduu l'Alìs, senza agitass, come s'el Gatt el fudess tornaa indree ind ona manera normala.

"M'el seri immaginaa," l'ha dii el Gatt, e l'è scomparii de noeuv.

L'Alìs l'ha spettaa on pòcch, de già che la pensava ch'el podess apparì on'altra vòlta, ma l'è minga success, e passaa on minutt la s'è inviada per la via che la portava a la cà de la Legora Marziroeula. "De Cappellee n'hoo veduu già on bell

poo," l'ha dii intra de lee: el sarà pussee interessant vedè la
Legora Marziroeula, e forsi, dato che semm in magg, la sarà
nò matta 'me 'n cavall—almanch minga inscì matta 'me la
podeva vess in marz." E intant che la diseva stì paròll, l'ha
vardaa in alt, e tel lì de noeuv el Gatt, settaa in sul ramm de
la pianta.

"L'ha dii porscellin o porscellana?" l'ha domandaa el Gatt.

"Hoo dii porscellin," l'ha responduu l'Alìs; "e me piasaria
se lù l'appariss e el scompariss minga inscì de continov: el me
fa girà el coo!"

"Va ben!" l'ha dii el Gatt; e sta vòlta l'è sparii pussee lento:
l'ha cominciaa con la ponta de la coa, e l'ha finii cont el
ghign, che però l'è restaa on poo pussee de temp, dòpo che
tutt el rest l'era andaa via.

"Oeuh dès! Hoo veduu de spess on gatt senza el ghign," l'ha
osservaa l'Alìs, "ma on ghign senza gatt!" L'è la ròba pussee
curiosa che hoo mai veduu in tutta la mia vita!"

L'era minga tant che l'andava, quand la s'è troada denanz
de la cà de la Legora Marziroeula: l'ha pensaa che quella lì
l'era la cà perchè i camin gh'aveven la forma di oregg, e el
tecc l'era quattaa de pel. La cà l'era inscì granda che lee la
s'è minga volzada a vesinass, prima de avegh daa ona pìada
a on poo del fonsg che la gh'aveva in de la man manzina, e
cress a duu pee de altezza: e anca dòpo la s'è vesinada timida
a l'uss, e la se diseva intra de lee, "E se poeu l'è matt 'me on
cavall! A pensagh sora l'era mej andà a troà el Cappellee
inscambi!"

CAPITOL VII

On Tè de Matt

Sòtta ona pianta, in front a la cà, gh'era ona taola pareggiada, e la Legora Marziroeula e el Cappellee eren adree a bev on tè: on Sghiratt l'era settaa ind el mezz a lor duu e el dormiva de la gròssa, e i alter duu le doperaven come s'el fudess on cossin, cont i gombèt poggiaa sora e cicciaraven sora el sò coo. "Che fastidi el gh'ha de vess per el Sghiratt," l'ha pensaa l'Alìs, "ma dato ch'el dorma, credì ch'el ghe importarà nò."

La taola l'era bella granda, ma i trii staven domà ind on canton, taccaa vun a l'alter: "Gh'è minga pòst! gh'è minga pòst!" hann vosaa quand hann veduu che l'Alìs la se vesinava. "Ghe n'è on bell poo de pòst!" l'ha dii l'Alìs, foeura di grazzi, e la s'è settada ind ona poltrona in capp de taola.

"La voeur del vin?" l'ha dii la Legora Marziroeula con fà quiett.

L'Alìs l'ha vardaa la taola e l'ha veduu che gh'era nient'alter che tè.

"Vedi minga el vin," l'ha osservaa.

"Ghe n'è minga, ponto e basta," l'ha replicaa la Legora Marziroeula.

"Ma allora l'è minga cortés, invidamm a bev on quaicòss che gh'è minga," l'ha dii l'Alìs sdegnada.

"Pròppi come l'è staa minga cortés de part soa settass chicchinscì, quand l'era minga stada invidada," l'ha osservaa la Legora Marziroeula.

"Savevi nò che la taola l'era *soa* de lù," l'ha responduu l'Alìs, "e poeu l'è pareggiada per pussee gent de trii."

"I sò cavei gh'hann de bisògn d'ona spontadina," l'ha dii el Cappellee. L'aveva vardaa l'Alìs per on poo de temp con interess, e qui lì hinn staa i primm paròll che l'ha strombettaa.

"Lù el dovaria savè che se fann minga di osservazion inscì personai," l'ha dii l'Alìs severa: "l'è pròppi sconvenient."

El Cappellee l'ha sbarattaa i oeugg al sentì stì paròll; ma tutt quell che l'ha dii l'è staa domà: "Perchè on scorbatt l'è compagn d'on coccodrill?"

"Sù, adèss sì che se divertom!" l'ha pensaa l'Alìs. "Son contenta ch'hann cominciaa con di indovinei—credi che poeudi indovinall," la gh'ha giontaa a vos alta.

"La voeur dì che l'è bòna de troà la rispòsta?" l'ha domandaa la Legora Marziroeula?

"De sicur," l'ha responduu l'Alìs.

"Che la diga donca quell che la intend," l'ha dii la Legora Marziroeula.

"Tel chì," l'ha seguttaa l'Alìs, de pressa; "almanch— almanch intendi quell che disi—Quella lì l'è la stessa ròbba, capissen."

"Pròppi on bell nagòtt!" l'ha dii el Cappellee. "Saria come dì, 'Vedi quell che mangi' l'è istess che, 'Mangi quell che vedi'!"

"Saria come dì," l'ha giontaa la Legora Marziroeula, "'Me pias quell che teouvi', l'è istess che, 'Toeuvi quell che me pias'!"

"Saria come dì," l'ha taccaa el Sghiratt, che pareva el parlass intant ch'el dormiva, "'Respiri quand che dòrmi' l'è istess che 'Dòrmi quand che respiri'!"

"L'è istess per lee," l'ha dii el Cappellee, e chì la conversazion la s'è fermada, e tucc hinn restaa settaa senza parlà per on poo de temp, intant che l'Alìs la cercava de regordass tutt quell che la saveva in sù i scorbatt e i coccodrill, ma l'era minga tant.

El Cappellee l'è staa el primm a taccà discors de noeuv. "Che dì del mes l'è incoeu?" l'ha dii e ghe vardava a l'Alìs, e intant el tirava foeu l'orelògg dal saccoccin, e le vardava preoccupaa, ghe dava di scorlidon, e s'el portava a l'oregg.

L'Alìs la gh'ha pensaa sù on pòcch e l'ha dii, "El quatter del mes."

"Sbajaa per duu dì!" l'ha osservaa cont on sospir el Cappellee. "Te l'avevi dii ch'el buttér l'andava minga ben al moviment!" el gh'ha giontaa, e l'ha vardaa negher la Legora Marziroeula.

"Ma l'era vun di buttér *miglior*," l'ha responduu de sentill la Legora Marziroeula.

"Sì ma gh'hann de vess andaa denter anca di freguj de pan," l'ha sbrottaa el Cappellee: "te gh'avevet minga de mettel dent cont el cortell del pan."

La Legora Marziroeula l'ha ciappaa scià l'orelògg e l'ha vardaa tutta magonenta: poeu l'ha pocciaa in de la chicchera del tè e l'ha vardaa de noeuv: ma l'ha poduu dì nient'alter che la prima ròba che l'aveva osservaa: "Ma l'era vun di *miglior* buttér ch'el se troeuva, savii!"

L'Alìs intant el vardava de sora di spall, curiosa, e l'ha dii, "Che orelògg strani! el segna i dì del mes, ma minga i or del dì!"

"Perchè nò?" l'ha dii giò el Cappellee, "forsi che el sò orelògg el ghe dis che ann l'è?"

"Naturalment nò," l'ha responduu de bòtt l'Alìs, "ma quell l'è perchè i orelògg segnen el stess ann per tant temp."

"E quell l'è quell ch'el fa, ne pù ne manch, anca el mè," l'ha dii el Cappellee.

L'Alìs la s'è sentida per on attim in imbarazz. Le pareva che l'osservazion del Cappellee la gh'avess nissun sens, impunemanch el diseva giust. "La capissi minga ben," l'ha dii con delicatezza.

"El Sghiratt el s'è indormentaa anmò," l'ha dii el Cappellee, e el gh'ha versaa on poo de tè scottent in sul nas.

El Sghiratt l'ha scorlii el mus, on poo senza pazienza, e senza dervì i oeugg, l'ha dii, "Tel lì! pròppi quell che seri 'dree a dì."

"L'ha indovinaa l'indovinell?" l'ha dii el Cappellee, intant che vardava l'Alìs.

"Me se rendi!" l'ha responduu l'Alìs: "Qual'è la rispòsta?"

"Gh'en hoo pròppi nissuna idea," l'ha responduu el Cappellee.

"Nanca mì," l'ha dii la Legora Marziroeula.

L'Alìs l'ha boffaa stufida e l'ha dii: "Mì pensi che saria mej passà el temp in altra manera, che perdel a fà di indovinei che se sa nanca la rispòsta."

"Se lee la conosèss el Temp com'el conossi mì," l'ha responduu el Cappellee, "la disaria nò che semm chì a perdel. Perchè se tratta nò d'on lù, ma de on Lù con la lettera maiuscola.

"A soo minga cosa l'è 'dree a dì," l'ha esclamaa l'Alìs.

"Sicura che le sa nò!" l'ha dii el Cappellee, che scorliva el coo con aria de sprezz. "Ghe scommetti che lee l'ha mai parlaa cont el Temp!"

"Forsi nò," l'ha responduu con prudenza l'Alìs; "ma soo che gh'hoo de batt el temp quand che impari la musica."

"Ah, quell el spiega tutt," l'ha dii el Cappellee. A Lù, ghe pias minga vess battuu. Se lee la taccass nò lit con Lù, Lù el faria con l'orelògg tutt quell che la voeur lee. Per esempi, se hinn i noeuv or de la mattina, che l'è l'ora che comincen i lezion: saria assee bisbiliagh ona parolina al Temp, che subit l'orelògg el cambiaria ora! La voeuna e mezza, l'ora de disnà!"

("Magara el fudess inscì," l'ha dii la Legora Marziroeula intra de lee.)

"Sariss magnifich, davvera," l'ha dii l'Alìs, pensierosa: "ma a quell'ora gh'avaria minga famm, el me capiss."

"Al princippi forsi nò," l'ha ritaccaa el cappellee: "ma lee la podaria fermall a la voeuna e mezza, per tutt el temp che la voraria."

"E lù el fa inscì?" l'ha domandaa l'Alìs.

El Cappellee l'ha scorlii el coo, malincònich. "Mì nò!" l'ha responduu, "emm taccaa lit el marz passaa—pròppi prima ch'el diventass matt, le sa—" (e cont el cuggianin el gh'ha faa segn a la Legora Marziroeula), "—l'è staa al gran concert che l'ha daa la Regina di Coeur:—e lìllinscì a m'è toccaa cantà:

> '*Vola, vola la tegnoeura!*
> *Me domandi s'te vee foeura!*'

"La conoss la canzon, magara?"

"Hoo già sentii on quaicòss compagn," l'ha dii l'Alìs.

"La segutta, le sa," l'è andaa adree el Cappellee, "la va innanz inscì:—"

> '*In scima al mond te volet*
> '*me 'n cabarè del tè scarlighet.*
> *Vola, vola—*'"

Tutt a on tratt el Sghiratt el s'è scorlii, e l'ha taccaa a cantà, intant ch'el seguttava a dormì, "*Vola, vola, vola, vola—*" e l'è andaa innanz fin a che gh'hann minga daa di pizzigoni per fall moccà.

"E donca avevi appena finii de cantà el primm tòcch," l'ha dii el Cappellee, "quand la Regina l'ha sbottii, foeura di strasc, 'L'è adree a coppà el temp! Tajegh el coo!'"

"Terribil e selvadigh!" l'ha dii giò l'Alìs.

"E pròppi da quell moment," l'ha seguttaa magonent el Cappellee, "l'ha pù vorsuu fà quell che ghe domandi! El segna semper i ses or."

A l'Alìs la gh'è saltada in ment on'idea e l'ha domandaa: "l'è forsi questa la reson che gh'hinn inscì tanti chiccher pareggiaa?

"Pròppi inscì," l'ha responduu el Cappellee cont ona boffada: "l'è semper l'ora del tè, e gh'emm mai el temp per lavà i ròbb."

"E inscì seguttii a giràgh semper intorna?" l'ha dii l'Alìs.

"Pròppi inscì," l'ha replicaa el Cappellee, "dato che i chiccher vegnen doperaa,"

"Ma come fii quand tornii al princippi del taol?" l'Alìs l'ha osaa dì.

"Ve dispias cambià de discors," l'ha pientaa lì la Legora Marziroeula, intant che la sbadiliava. "Sont adree a stufamm de sto soggett. Me piasaria che la tosetta la ne cuntass ona stòria."

"Gh'hoo pagura de savenn nanca voeuna," l'ha dii l'Alìs cont i sciattitt ind el venter.

"E allora el Sghiratt el ne cuntarà voeuna!" gh'hann vosaa tucc e duu. "Dissedet, Sghiratt!" E l'hann spongignaa da i dò part.

El Sghiratt l'ha dervii i oeugg pian pianett, e l'ha dii a bassa vos, "Seri minga adree a dormì! a m'è scappada nanca ona paròla de quell che serov adree a dì."

"Cunten sù ona storiella!" l'ha dii la Legora Marziroeula.

"De grazia, per piasè!" l'ha imploraa l'Alìs.

"E fa de pressa," el gh'ha giontaa el Cappellee, "se de nò te se indormentet anmò, prima de finilla."

"Gh'era 'na vòlta trè sorell," l'ha cominciaa rapid el Sghiratt," e se ciamaven Elsi, Lesi, e Tilli; e staven de cà in fond a on pozz—"

"Cosa mangiaven?" l'ha domandaa l'Alìs, che la gh'aveva semper on interess viv in di quistion del mangià e del bev.

"Mangiaven melassa," l'ha responduu el Sghiratt, dòpo avegh pensaa sù on attim.

"Ma podeven nò," l'ha osservaa l'Alìs, con bell fà," se sarien malaa."

"De fatt eren malaa," l'ha dii el Sghiratt, "pròppi *tant* malaa."

L'Alis l'ha cercaa de figurass quella strana manera de viv, ma l'era confundida, e l'ha domandaa: "Ma perchè staven de cà in fond a on pozz?"

"Che la ciappa scià on ciccinin pussee de tè," l'ha dii con premura la Legora Marziroeula.

"Gh'hoo nancamò ciappaa nient," l'ha responduu l'Alìs, tutta offendida, "e donca poeudi nò ciappann pussee."

"La voeur dì che la poeu minga ciappann *de men*," l'ha dii el Cappellee: "L'è pussee facil ciappann *pussee*, che nagòtt."

"Nissun l'ha domandaa la *soa* opinion," l'ha dii l'Alìs.

"Chi l'è adèss ch'en fa ona quistion personala?" l'ha dii trionfant el Cappellee.

L'Alìs la saveva minga ben cosa respond; inscì l'ha ciappaa scià ona chicchera de tè e del pan cont el buttér e girada vers el Sghiratt, la gh'ha domandaa de noeuv: "Perchè staven de cà in fond al pozz?"

El Sghiratt el gh'ha pensaa sù on moment e poeu l'ha dii, "l'era on Pozz pien de melassa!"

"Ma s'è mai sentii ona ròba compagna!" l'ha fermaa l'Alìs che la cominciava a inrabiss: ma la Legora Marziroeula e el Cappellee gh'hann subit faa segn de fà citto "Sht! Sht!" e el Sghiratt l'ha rimarcaa, scur in faccia, "Se la poeu minga comportass in manera civil, che la finisca lee la stòria."

"Nò, per piasè, ch'el segutta lù!" l'ha dii l'Alìs umilment; "Ghe daroo pù fastidi. Anzi disi che forsi ghe n'è vun de qui pozz lì!"

"Vun, de fatt!" l'ha dii indignaa el Sghiratt. Impunemanch, i ha accontentaa e l'ha seguttaa: "E qui trè sorell, imparaven a trann foeura—"

"Se l'è che traven foeura?" l'ha domandaa l'Alìs, che la s'era desmetegada la promessa de fà citto.

"La melassa," l'ha responduu el Sghiratt, sta vòlta, senza pensagh sù.

"Gh'hoo de bisògn d'ona chicchera netta," i ha fermaa el Cappellee; "tirèmmes tucc in là d'ona cadrega!"

E intant ch'el parlava el s'è mòss, e el Sghiratt el gh'è andaa adree: la Legora Marziroeula la s'è mettuda al pòst del Sghiratt, e l'Alìs, l'ha ciappaa, contra voeuja, el pòst de la Legora Marziroeula. El Cappellee l'è staa l'unich a profittass del cambiament: e l'Alìs la s'è troada pesg de prima, perchè la Legora Marziroeula l'aveva svoiaa el bricch del latt ind el sò tond.

L'Alìs la voreva minga offend el Sghiratt on'altra vòlta, e inscì con bonagrazia l'ha dii: "Capissi minga ben. Da indoe traven foeura la melassa?"

"Lee l'è bòna de trà sù acqua dal pozz, l'è minga vera?" l'ha dii el Cappellee; "e in de la stessa manera se poeu trà foeura melassa da on pozz de melassa, stupidella!"

"Ma lor eren denter in del pozz," l'ha dii l'Alìs al Sghiratt, senza fagh caso a l'ultim comment.

"Natural ch'eren denter," l'ha dii el Sghiratt: "pròppi denter."

Sta rispòsta l'ha sconfonduu inscì tant l'Alìs che per on poo l'ha lassaa andà innanz el Sghiratt senza disturball.

"Eren adree a imparà a trà foeura," l'ha seguttaa el Sghiratt, intant ch'el sbadiliava e el se sfregava i oeugg, perchè l'era adree a morì de sògn; "e traven foeura ròbb de ògni gener—tucc i ròbb che comincen cont ona T—"

"Perchè ona T?" l'ha domandaa l'Alìs.

"Perchè nò?" L'ha dii la Legora Marziroeula.

L'Alìs l'ha faa citto.

El Sghiratt a sto pont el gh'aveva i oeugg saraa, e l'aveva taccaa a pisolass; ma cont on pizzigon del Cappellee, el s'è dissedaa cont on piccol sgar e l'ha seguttaa: "che comincen cont ona T, come tanabùs, trombettee, tribuleri, tròppdetròpp—le sà, quand vun el dis i ròbb hinn tròppdetròpp— l'ha mai veduu on ritratt d'on tròppdetròpp?"

"Verament, adèss che m'el domanda," l'ha dii l'Alìs, sconfondida, "me par de nò!"

"E allora che la parla nò," l'ha dii el Cappellee.

Quella villanada l'ha faa andà foeura di grazzi l'Alìs: l'è levada sù sdegnada, e la s'è inviada via; el Sghiratt el s'è indormentaa ind on attim, e nissun di alter duu el s'è incòrgiuu che l'Alìs la gh'era pù, ancabèn lee la s'era girada indree voeuna o dò vòlt, con la mezza speranza che la podessen ciamà indree: l'ultima vòlta che i ha veduu, i duu matt eren adree a proà a cascià denter el Sghiratt in de la teiera.

"De tucc i maner, lillinscì ghe voo pù," l'ha dii l'Alìs, intant che la se inviava ind el bosch. "L'è stada l'ora del tè pussee stupida che hoo mai proaa!"

Intant che la parlava inscì, l'ha veduu che ona pianta la gh'aveva ona portisina che la menava pròppi denter ind el alber. "Oella! quell lì l'è pròppi curios!" l'ha pensaa l'Alìs. "Ma ògni ròba l'è curiosa incoeu. Credi che proaroo a andà dent." E dent l'è andada.

Anmò ona vòlta la s'è troada ind el grand salon, e arent al taolin de cristall. "Sta vòlta faroo de mej," l'ha dii intra de lee, e l'ha cominciaa a ciappà sù la ciavetta d'òra e a dervì l'uss ch'el menava ind el giardin. Poeu la gh'ha daa ona pìadina al fonsg (n'aveva tegnuu a man on tocchettin in de la saccòccia), fin a che l'è stada alta on pee, pù o manch: l'ha traversaa el passagg: e poeu—la s'è troada finalment ind el bell giardin, in mezz ai proeus pien de fior e ai fontànn fresch.

CAPITOL VIII

El Camp de Croquet de la Regina

Una gròssa pianta de roeus la stava visin a l'entrada del giardin. I sò roeus eren bianch, ma trii giardiner che ghe staven intorna, eren occupaa a pitturai de ross. "Del debon, l'è curios!" l'ha pensaa l'Alìs, e la s'è vesinada per osservai, e quand che l'è stada ben arent l'ha sentii vun de lor ch'el diseva, "Fa ballà l'oeugg, Cinch! Schizzom minga cont i tò pennellad!"

"Gh'hoo poduu minga fann a men," l'ha responduu el Cinch, con tòno rustigh; "El Sett el m'ha ruzaa el gombèt."

El Sett l'ha vardaa e l'ha dii, "Pròppi brao el Cinch! Semper a dagh la colpa a i alter!"

"Tì saria mej che te fee citto!" l'ha dii el Cinch. "Minga pussee tard de ier hoo sentii la Regina che la diseva che meritaresset che te tajassen el coo!"

"E per cosè?" l'ha domandaa el primm che l'aveva parlaa.

"Hinn minga fatti tò, Duu!" l'ha responduu el Sett.

"Certa che hinn anca fatti sò de lù!" l'ha dii el Cinch, "e gh'el disaroo mì—L'è perchè el gh'ha portaa al coeugh di scigoll de tulipan inscambi di scigoll de mangià."

El Sett l'ha tiraa lontan el sò pennell e l'aveva taccaa a dì, "In mezz a tucc i ròbb pussee ingiust—" quand el s'è incorgiuu che l'Alìs l'era adree a squadrai, e el s'è mangiaa el rest de la frase: i alter duu l'hann vardada a parì e gh'hann faa tucc on inchìn.

"Podariov dimm," l'ha domandaa l'Alìs, in manera timida, "perchè sii 'dree a colorà qui roeus?"

El Cinch e el Sett gh'hann minga responduu, ma hann vardaa el Duu. El Duu l'ha donca dii a vos bassa, "L'è perchè, quesschì el gh'aveva de vess on rosee de roeus ross, e numm per sbali n'emm pientaa vun de roeus bianch; e se adèss el salta foeura con la Regina, salten anca tucc i nòster coo. Inscì, Sciorettina, femm mej a riparà el dann prima ch'el venga—" In quell attim, el Cinch, che l'era adree a guardass intorna con ansia, l'ha vosaa "La Regina! la Regina!" e i trii giardinee s'hinn subit mettuu con la faccia per terra. S'è sentii on bell poo de rumor de pass, e l'Alìs la s'è vardada intorna, ansiosa de vedella.

Per primm hinn rivaa des soldaa armaa de baston: tucc somejaven a i trii giardinee, longh e piatt, cont i man e i pee ai quatter canton: ghe vegniven adree des cortesàn, tucc sberlusent de diamant; e camminaven a duu a duu, compagn di soldaa. Vegniven poeu i principitt reai; eren des, dividuu duu a duu che se tegneven per man, e vegniven innanz a saltarei, tucc content: eren tucc ornaa de coeur. Poeu sfilaven adree i invidaa, per la maggiora Rè e Reginn, e intra de lor l'Alìs l'ha reconossuu el Conili Bianch; l'era adree a ciaccolà de pressa, ind ona manera nervosa, e ghe sorrideva a tutt quell che se diseva, e l'è passaa senza rendes cunt de lee. Poeu l'è rivaa el Fant de Coeur, ch'el menava la Corona Real sora on cossin de vellù ross; e a la fin de sta procession vegniven EL RÈ E LA REGINA DE COEUR.

L'Alìs la saveva nò se mettes distenduda a faccia in giò compagn di trii giardinee, ma la se regordava minga d'avè mai sentii che gh'era on cerimonial a parì in di procession reai; "e poeu servarissen a cos'è sti procession," l'ha riflettuu intra de lee, "se tucc doarien stà a faccia in terra, e nissun el podaria vedèi!" E inscì l'è restada indoe l'era, e l'ha spettaa.

Quand la procession l'è rivada visin a l'Alìs, tucc s'hinn fermaa e l'hann vardada: e la Regina l'ha vosaa severa, "Chi l'è che l'è questa chì?" e la s'è voltada vers el Fant de Coeur, che l'ha domà faa on sorrisett e ona riverenza.

"Ignorant!" l'ha dii la Regina intant che la scorliva el coo senza pazienza; e voltandogh l'attenzion a l'Alìs, l'ha seguttaa, "Qual'è el tò nòmm, tosetta?"

"Maestà, me se ciami Alìs," l'ha responduu la tosa cont on bell fà; ma intra de lee la gh'ha giontaa, "Hinn nient'alter che on mazz de cart de gioeugh. Gh'è minga de vegh pagura de lor!"

"E chi sarissen sti *lor*?! l'ha domandaa la Regina, intant che ghe faseva segn a i trii giardinee buttaa giò per terra visin al rosee; perchè, dimm a trà, lor eren a faccia in giò, e el disegn in sul sò dedree el somejava a quell del rest del mazz, e lee l'era minga bòna de capì se fudessen giardinee, o soldaa, o cortesan, o trii di sò fioeu.

"Come la voeur ch'el sappia mì," l'ha responduu l'Alìs, che la s'è maraviliada del sò coragg. "Hinn nò affar de mì."

La Regina l'è diventada rossa de la rabbia, e dòpo avella vardada fissa per on moment compagn d'ona bestia selvadega, l'ha vosaa, "Tajégh el coo! subit—"

"Stupidad!" l'ha dii l'Alìs, a vos alta e con fermezza, e la Regina l'ha subit tasuu.

El Rè l'ha poggiaa la soa man in sul brasc de la Regina, e gh'ha dii con fà timid, "Mè cara, riflèttegh sù ben: l'è domà ona tosetta!"

La Regina allora la gh'ha voltaa i spall inrabida e la gh'ha dii al Fant, "Rivoltèi!"

El Fant l'ha ubidii, e con prudenza, cont on pee i ha voltaa.

"Levii sù!" l'ha vosaa la Regina, e i trii giardinee hinn saltaa sù subit, e hann taccaa a fagh i riverenz al Rè, a la Regina, ai fiolitt reai, e a tucc i alter.

"Basta!" l'ha dii giò la Regina. "Me fii girà el coo." E intant che la vardava el rosee, l'ha seguttaa, "Cosa gh'hii combinaa chicchinscì al rosee?"

"Con la bòna grazia de la Vòstra Maestà," l'ha responduu el Duu, con vos umil, e giò cont on genoeugg per terra, "numm vorevom—"

"El vedi!" l'ha dii la Regina, che l'aveva de già scortaa i roeus. "Tajégh i coo!" e la procession real la s'è inviada anmò. Domà trii soldaa hinn restaa indree per tajagh el coo ai trii giardinee dislippaa, ch'hinn subit cors da l'Alìs per protezion.

"Ve tajarann minga el coo!" l'ha dii l'Alìs e i ha mettuu ind on gròss vas de fior ch'el stava lillinscì, visin a lee. I trii soldaa hann giraa de chì e de là per on quai minutt, per cercai, e poeu quiett quiett gh'hann marciaa anmò adree a la procession real.

"Gh'hii tajaa el coo?" l'ha vosaa la Regina.

"I sò coo hinn saltaa, con sò bòna grazia Maestà!" hann responduu i soldaa.

"Ben!" l'ha vosaa la regina. "L'è bòna de giugà a croquet?"

I soldaa hann faa citto e gh'hann vardaa a l'Alìs, dato che l'era evident che la domanda l'era per lee.

"Si!" l'ha vosaa l'Alìs.

"Che la vegna visìn, donca!" l'ha sbraggiaa la Regina, e l'Alìs la s'è mettuda dent in de la procession, curiosa de savè quell che sariss succeduu adree.

"Fa—fa bel temp l'ha dii ona vosettina timida visin a lee. La camminava arent al Conili Bianch, che la fissava ansios in faccia.

"Bellissim," l'ha responduu l'Alìs: "Indoe l'è la Duchessa?"

"Citto! Citto!" l'ha dii el Conili a vos bassa e de pressa. L'ha buttaa on oeugg intorna a lù, e intant che se tirava sù in ponta de pee, l'ha bisbiliaa ind el oregg de la tosa, "Lee l'è sòtta sentenza de mòrt."

"E per qual peccaa?" l'ha domandaa l'Alìs.

"Lee l'ha dii 'Che peccaa!'?" l'ha responduu el Conili.

"Nò l'hoo minga dii," l'ha giontaa l'Alìs: "Nò credi ch'el sia on peccaa per nient. Mì hoo dii 'E per qual peccaa?'"

"Lee la gh'ha traa on sleppon a la Regina—" l'ha cominciaa el Conili. L'Alìs l'è s'cioppada ind ona gròssa ridada. "Citto!" l'ha bisbiliaa el Conili ch'el tremava tutt, "La Regina la ve podaria sentì! La ved, lee l'è rivada on poo tard, e la Regina l'ha dii—"

"Ciappii i vòster pòst!" l'ha vosaa la Regina cont ona vos che la tronava, e i invidaa gh'hann taccaa a corr in tucc i direzion, e topiccaven vun contra l'alter: a la fin s'hinn poduu mett ind on cert ordin, e poeu el gioeugh l'è cominciaa.

L'Alìs l'ha pensaa che l'aveva mai veduu in tutta la soa vita on terren inscì curios per giugà al Croquet; l'era tutt a fòss e mòtt: i ball eren di riscporscei, i mazz di fenicòtter viv, e di soldaa che ghe toccava stà in sù i man e in sù i pee, curvaa, per fà i arch.

El primm impediment l'era che l'Alìs la saveva minga ben come maneggià el sò fenicòtter; l'è reussida a tegnill bell franch sòtta on brasc, cont i gamb a bandolera, ma quand la ghe slongava el còll, e la se preparava a colpì el riscporscell cont el coo, el fenicòtter el girava el còll in sù e el se metteva a vardalla in faccia cont ona espression tan de stupor che lee la podeva minga fà a men de s'cioppà a rid; e quand lù el sbassava anmò el còll, e el se metteva pront per ricomincià, l'era ona delusion vedè che el riscporscell el sera srotolaa, e l'era adree a andà via: desoramaròss, gh'era semper in mezz on fòss o ona mòtta ògni vòlta che la voreva colpì el riscporscell, e siccome i soldaa seguttaven a trass sù e a girà de chì e de là, l'Alìs l'è rivada a la conclusion che quell lì l'era on gioeugh pròppi difficil.

I giugador giugaven tucc insema senza spettà el sò gir, e taccaven lit semper e se piccaven per colpa di riscporscei, inscì che la Regina prest l'è andada foeura di strasc, e l'ha cominciaa a andà de chì e de là e a vosà ògni minutt "Tajégh el coo a quesschì!" o "Tajégh el coo a quella lì!"

L'Alìs l'ha cominciaa a sentiss on poo in ansia: l'è vera che la s'era nancamò scontrada con la Regina, ma quell el podeva succed ind ògni moment, e inscì la pensava "'Se me succedarà a mì? Chicchinscì a ghe pias a tajà el coo a la gent; l'è ona maravilia che on quiavun ghe l'abbia anmò in sù i spall!"

E la ghe pensava a ona manera de menà i tòll senza vess vista, quand l'ha notaa ona apparizion curiosa in de l'aria; ind on primm moment l'è restada sorpresa, ma dòpo avè vardaa per on minutt o duu l'ha veduu ona ghignada, e l'ha dii intra de lee, "l'è el Gatt del Cheshire: adèss ghe sarà on quaivun per parlà insema."

"Come el va el gioeugh?" l'ha dii el Gatt, appena la bocca l'era granda assee per podè parlà.

L'Alìs l'ha spettaa che vegniven foeura anca i oeugg, e poeu la gh'ha faa on segn cont el coo. "L'è inutil parlagh," l'ha pensaa intra de lee, "spettom che almanch i oregg vegnan foeura, almanch vun." In quatter e quattròtt l'è vegnuu foeura tutt el coo, e l'Alìs l'ha mettuu giò el sò fenicòtter, e l'ha taccaa a cuntagh come l'andava el gioeugh, contenta che vun el ghe dess attenzion. El Gatt, pareva el pensass de avè faa vedè assee del sò còrp, e nient'alter de lù l'è comparii.

"Nò credi che giughen 'me di galantòmen," l'ha dii l'Alìs che la se lamentava, "tacchen bega intra de lor inscì foeu di strasc che se poeu nanca pù sentì la pròppia vos; par che ghe sia nissuna regola: almanch, se ghe n'è, nissun la osserva—e podii minga immaginass che confusion che gh'è, perchè chì tutt l'è viv: per esempi, tel lì el arch che mi ghe dovaria passà sòtta, ma el segutta a scappà via da ona part a l'altra del camp de gioeugh—e podevi fà croquet cont el riscporscell de la Regina, ma l'è scappaa via quand l'ha veduu el mè!"

"E come la ve pias la Regina?" l'ha domandaa el Gatt a vos bassa.

"Pròppi per el nagòtt," l'ha dii l'Alìs: "l'è inscì—" pròppi in quell moment la s'è resa cunt che la Regina l'era lì dedree, che la scoltava de sfròs: e inscì l'ha seguttaa "—abil a giugà e vinc, che l'è squas inutil finì la partida."

La Regina l'ha sorris, e l'è andada in là.

"Con chi la parla lee?" l'ha domandaa el Rè, ch'el s'era vesinaa a l'Alìs, e el vardava el coo del Gatt con interess.

"L'è on mè amis—on Gatt del Cheshire," l'ha dii l'Alìs, "me piasaria presentaghel a Vòstra Maestà."

"Me pias minga la ghigna ch'el gh'ha," l'ha responduu el Rè; "ma el poeu basamm la man se lù el voeur."

"Pensi pròppi de nò!" l'ha dii giò el Gatt.

"Ch'el sia nò senza riguard," l'ha dii el Rè, "e ch'el me varda minga in quella manera lì." E intant ch'el parlava el se scondeva dedree de l'Alìs.

"On Gatt el poeu vardà on Rè," l'ha rimarcaa l'Alìs, "l'hoo leggiuu ind on quai liber, ma me se regordi nò qual."

"Bòn, ma gh'emm de casciall via," l'ha dii el Rè con vos che la metteva soggezion, e l'ha ciamaa la Regina che la passava de lì in quell moment, "Mia Cara! me piasaria che quell Gatt lì el fudess casciaa via!"

La Regina la conosseva domà ona manera per mett a pòst i difficoltà, gròss o piscinin che fudessen, e donca senza nanca vardà intorna l'ha vosaa, "Tajégh el coo!"

"Andaroo mì medèmm a cercà el bòia," l'ha dii el Rè, e poeu l'è andaa via de pressa.

L'Alìs l'ha pensaa che sariss staa ona bòna ròba andà a vedè come l'andava innanz el gioeugh, perdepù che la sentiva la vos de la Regina che la criava foeura di strasc. L'aveva già sentii che l'aveva condannaa trii giugador che aveven mancaa el sò gir; e gh'era minga piasuu come i ròbb eren adree a girà, perchè el gioeugh l'era diventaa on tal casòtt che lee la saveva pù se l'era el sò gir o manch. La s'è donca inviada per cercà el sò riscporscell.

El riscporscell l'era adree a dagh battaja a on alter riscporscell, e questa la gh'è paruda l'occasion giusta a l'Alìs, per batt a croquet vun con l'alter: ma l'unich problema l'era che el sò fenicòtter l'era andaa da l'altra part del giardin, e l'Alìs l'ha veduu ch'el se sforzava inutilment a proà a volà sù in sù ona pianta.

Quand ghe l'ha fada a brancà el fenicòtter e l'ha riportaa in sul terren de gioeugh, el combattiment l'era terminaa, e i duu riscporscei s'eren slontanaa: "impòrta nagòtt," l'ha pensaa l'Alìs, "anca perchè tucc i arch hinn andaa da l'altra part del terren." Inscì se l'è francaa ben ben sòtta el brasc, ch'el podeva pù scappà, e l'è tornada dal Gatt per taccà discors de noeuv.

Quand l'è rivada dal Gatt, con soa sorpresa la gh'ha troaa intorna ona calca grandissima: gh'era ona quistion intra el bòia, la Regina e el Rè, che parlaven tucc insema, intant che i alter vardaven, silenzios e magonent.

Appena l'Alìs l'è comparida, l'hann ciamada per risòlv la quistion, e gh'hann ripetuu i sò argoment: purtròpp parlaven tucc insema, inscì che l'era difficil per lee capì esattament quell che voreven dì.

L'argoment del bòia l'era che: el podeva minga tajagh el coo a quaivun se gh'era nò el còrp indoe tajà; ch'el gh'aveva mai avuu a che fà cont ona ròba inscì e ch'el voreva minga comincià a veghen a che fà adèss, a la soa età.

L'argoment del Rè l'era che: ògni esser ch'el gh'ha on coo a se poeu tajaghel, e el bòia el gh'aveva de dì nò baggianad.

L'argoment de la Regina l'era che: se se faseva nò on quaicòss al pù prest, l'avaria ordinaa de tajà el coo a tucc quei che gh'eren lì intorna. (Questa chì l'era stada l'osservazion che l'aveva faa diventà tucc ansios e magonent.)

L'Alìs l'ha poduu pensà a nient'alter che dì che "el Gatt l'appartegn a la Duchessa: e donca saria ben domandaghel a lee cosa fà."

"Lee l'è in prison," l'ha dii la Regina al bòia: "Portémela chì." E el bòia l'è scappaa via 'me on fulmin.

Appena el bòia l'è cors via, el coo del Gatt l'ha cominciaa a svanì, e quand l'è tornaa con la Duchessa, l'era sparii completament: el Rè e el bòia hinn cors come matt de chì e de là per ritroall, e intant i invidaa hinn tornaa a giugà.

Stòria de la Finta Bissa Sculedera

"Da poeu minga savè come son contenta de rivedella, cara la mia tosetta!" l'ha dii la Duchessa, intant che la ciappava l'Alìs sòtta brasc, e camminaven insema.

L'Alìs l'era contenta de vedella inscì de luna bòna, e l'ha pensaa che forsi l'era el pever che l'aveva fada inasprì inscì tant quand l'aveva incontrada in cusina.

"Quand che saroo Duchessa," l'ha dii intra de lee (ma senza speragh tròpp) "voeuri vegh nò del pever in de la mia cusina, pròppi nagòtt. La suppa l'è bòna anca senza. Chissà ch'el sia minga el pever ch'el fa diventà la gent tan malmostosa?" e l'ha seguttaa, tutta contenta de vess saltada foeura cont ona noeuva sòrta de teoria, "l'è l'asee ch'el fa diventà agher—e l'è la camamella che la fa diventà amar—e i benìs o i ròbb compagn che fann diventà el caratter di fiolitt pussee dolz. Voraria domà che la gent la savess stì ròbb: inscì sarissen minga inscì stemegn quand che gh'è de dammèn—"

L'aveva squas desmentegaa la Duchessa, e l'è saltada sù quand la s'è sentida dì ind el oregg. "Cara la mia tosa, lee la gh'ha ind el coo di ròbb, che ghe fann desmentegà de parlà con mì. Poeudi minga digh la moral adèss, ma me se regordaroo prest."

"Forsi ghe n'è minga," l'ha di giò riguardada l'Alìs.

"Cos'è, cos'è, tosetta!" l'ha dii la Duchessa. "Ògni ròba la gh'ha la soa moral, a condizion de podè troalla." E la s'è strengiuda pussee visin a l'Alìs, intant che la parlava.

A l'Alìs ghe piaseva nò vess inscì visina a lee, primm perchè la Duchessa l'era bruttissima, second, perchè con la soa altezza la poggiava el barbòzz in sù la spall de l'Alìs; e quell barbòzz l'era pròppi guzz! Impunemanch la voreva minga vess scortesa, e donca l'ha sopportaa quell fastidi come mej l'ha poduu.

"El gioeugh el va mej adèss," l'ha dii per tegnì in pee la conversazion.

"Eh sì," l'ha responduu la Duchessa: "e la moral de quest l'è:—'L'è l'amor, l'è l'amor, ch'el fa girà el mond!'"

"Quaivun l'ha dii," la gh'ha giontaa l'Alìs sòttvos, "ch'el mond el giraria mej se ògnidun el se fasess i sò affar!"

"Ah, ben! El voeur dì pù o manch la stessa ròba," l'ha dii la Duchessa, e intant che la schisciava el sò barbòzz guzz ind i spall de l'Alìs, l'ha seguttaa, "e la moral de quell l'è questa chì—'Vardègh al franch, che i ghei se varden deperlor.'"

"Ghe pias pròppi cercà la moral in ògni ròbb!" l'ha pensaa l'Alìs.

"Ghe scommetti che la se domanda el perchè ghe metti minga el brasc intorna a la cinta," l'ha dii la Duchessa dòpo on quai attim, "ma l'è perchè el soo minga de che luna l'è el sò fenicòtter. Fèmm la proeuva?"

"El podaria pià," l'ha responduu prudenta l'Alìs, che la voreva minga savènn de proà l'esperiment.

"L'è vera," l'ha dii la Duchessa, "i fenicòtter e la mostarda pìen tucc duu, e la moral l'è questa—"Chi se someja, se ciappa'."

"Ma la mostarda l'è minga on usell," l'ha osservaa l'Alìs.

"Giust, come semper," l'ha responduu la Duchessa, "lee la gh'ha pròppi ona manera ciara de dì i ròbb!"

"L'è on mineral, credi," l'ha dii l'Alìs.

"Sicur," l'ha responduu la Duchessa, che la pareva vess daccòrd con tusscòss che l'Alìs la diseva; "Chì visin la gh'è ona gran cava de mostarda. E la moral de quest l'è—'Chi cava i dent, el cava minga la preia'."

"Adèss el soo!" l'ha esclamaa l'Alìs, che la gh'aveva minga daa a trà a i ultim paròll de la Duchessa, "l'è on vegetal. El ghe someja minga, ma l'è on vegetal."

"Pròppi inscì," l'ha dii la Duchessa, "e la moral de quest l'è—'Sii quell che vorii vess!'—o se la desidera che gh'el diga pussee polid—'Credii mai de vess alter che quella che sembrii a i alter de vess o de vess stada o che podii vess, e quell che sii stada e ch'el poeu vess sembraa a lor de vess stada e minga a l'incontrari'."

"Credi ch'el capissaria mej," l'ha dii l'Alìs con cortesia, "se m'el marca giò, che poeudi minga tan seguilla in quell che la dis."

"Quest l'è nient de quell che podaria dì se gh'avessi voeuja," l'ha giontaa la Duchessa, contenta 'me 'na pasqua.

"Che la se disturba minga a dinn de pussee longh de quei che l'ha dii adèss adèss," l'ha rebattuu l'Alìs.

"Che disturb!" l'ha responduu la Duchessa. "Ghe foo de regall tutt quell che hoo dii fina adèss."

"L'è on regall ch'el costa nagòtt," l'ha pensaa l'Alìs. "Menomal che se fann minga di regai de compleann compagn!" Ma l'ha nò vorsuu dill a alta vos.

"Semper pensierosa?" l'ha domandaa la Duchessa, intant che la calcava quell sò barbòzz guzz in sù i spall de la tosetta.

"L'è el mè diritt pensà," l'ha dii vivament l'Alìs, che la cominciava a stuffiss.

"Vera," l'ha responduu la Duchessa, "Come i porscei ghe n'hann de volà: e la mo—"

Ma chì, con gran sorpresa de l'Alìs, la vos de la Duchessa la s'è sbassada fin a morì in mezz a la paròla "moral", che tant ghe piaseva; el brasc che la gh'aveva sòtta el sò l'ha taccaa a tremà. L'Alìs l'ha valzaa i oeugg, e l'ha veduu che la Regina la stava denanz a lor, i brasc incrusaa, inrabida e che la faseva caggià el sangh 'me on uragan.

"Maestà, ma che bella giornada!" l'ha cominciaa a dì a vos bassa e tremorenta la Duchessa.

"Adèss, ve foo on avvertiment!" l'ha tronaa la Regina, e cont el sò pee la piccava per terra; "o vù o el vòster coo gh'avarann de lassà el camp, e ind on boff! Scernii!"

La Duchessa se l'è minga faa dì dò vòlt e via che l'ha menaa i tòll.

"Tornom al gioeugh," l'ha dii la Regina a l'Alìs; e l'Alìs l'era tròpp stremida per boffà anca ona paròla, e la gh'è andada adree, lenta, in sul camp de croquet.

I invidaa intratanta, che profittaven che la Regina l'era nò lì, eren adree a riposass a l'ombrìa: ma appena l'hann veduda comparì, hinn tornaa de pressa al gioeugh; la Regina la gh'ha faa capì che anca on moment de ritard ghe sariss costaa la vita.

Intant che giugaven, la Regina la seguttava a taccà baruffa cont i alter giugador, e ghe vosava semper "Tajegh el coo a quell lì!" o "Tajegh el coo a quella là!". Qui ch'eren condannaa a mòrt eren ciappaa in custòdia dai soldaa, che naturalment doveven desmett de fà i arch, inscì che, ind el gir de mezz'oretta, gh'eren pù de arch, e tucc i giugador, a part de la Regina, del Rè e l'Alìs, eren catturaa e spettaven la condanna.

A la fin la Regina l'ha lassaa el gioeugh e, squas senza fiaa, la gh'ha dii a l'Alìs, "l'ha già veduu la Finta Bissa Scudelera?"

"Nò," l'ha dii l'Alìs. "A soo nanca cosa l'è ona Finta Bissa Scudelera."

"L'è quella che se dopera per fà la suppa de Finta Bissa Scudelera," l'ha responduu la Regina.

"N'hoo mai veduda voeuna, e nanca n'hoo sentii parlà," la gh'ha giontaa l'Alìs.

"Vègnem adree allora," la dii la Regina, "e lee la te cuntarà sù la soa stòria."

Intant che camminaven insema, l'Alìs l'ha sentii che el Rè el ghe diseva a bassa vos a tucc i condannaa, "Ve foo la grazia a tucc." "Oh, questa chì l'è ona bella ròba!" l'ha dii intra de lee, dato che l'era minga tan contenta del numer di condann che la Regina l'aveva ordinaa.

Prest hinn rivaa visin a on Grifon, tutt scrusciaa giò e ch'el dormiva al sô. (Se savii minga cosa l'è on Grifon, vardé el disegn.) "Sù, sù, fanigotton!" l'ha dii la Regina, "portii stà tosetta chì a vedè la Finta Bissa Scudelera, che la ghe cuntarà sù de la soa vita. Quant a mì, gh'hoo de andà indree per fà eseguì ona quai condanna a mòrt;" la s'è inviada e l'ha lassaa lì l'Alìs, sola cont el Grifon. Ghe piaseva minga tròpp l'aspett de la bestia a l'Alìs, ma poeu a pensagh sora che a restà cont el Grifon l'era poeu minga inscì pericolos come stà con quella Regina selvadega, l'ha spettaa.

El Grifon l'è levaa sù e el s'è strofignaa i oeugg, l'ha spettaa che la Regina la fudess foeura de vista e poeu el s'è miss adree a sgavascià. "Che commedia!" l'ha dii el Grifon, ch'el parlava on poo intra de lù e on poo a l'Alìs.

"Qual'è la commedia?" l'ha domandaa l'Alìs.

"L'è lee medèmma," l'ha giontaa el Grifon. "L'è el cruzzi che la gh'ha ind el coo: ma poeu i coo vegnen mai tajaa. Che la vegna con mì!"

"Chicchinscì ognidun el comanda 'Che la vegna con mì!'" l'ha dii giò l'Alìs, intant che la ghe andava adree adasi adasi. "Son mai stada comandada inscì tant in tutta la mia vita!"

Seren nò inviaa da tant quand, minga tan distant, gh'hann veduu la Finta Bissa Scudelera, che l'era settada sola soletta e giò de còrda in sul bòrd d'on bricch e, al sò vesinass, l'Alìs podeva sentilla sospirà compagn s'el sò coeur el fudess adree a s'ceppass. A lee la gh'ha faa subit compassion. "Perchè la se doeur?" la gh'ha domandaa al Grifon. E el Grifon el gh'ha responduu compagn de pòcch prima, "L'è el cruzzi che la gh'ha ind el coo: la gh'ha pròppi on bell nagòtt, la sa. Che la vegna!"

E inscì hinn andaa da la Finta Bissa Scudelera, che i ha vardaa con duu oeugg pien de lacrim, ma l'ha casciaa nò paròla.

"Questa tosetta chì," l'ha dii el Grifon, "la voraria sentì la soa stòria, ghe piasaria."

"Ghe la cuntaroo sù," l'ha responduu la Finta Bissa Scudelera cont ona vos profonda e sepolcral. "Settéves, e disii nò paròla fin a che hoo finii."

E inscì s'hinn settaa giò, e per on quai minutt, nissun l'ha parlaa. Intant l'Alìs la pensava intra de lee, "soo minga come la finirà, se la comincia mai." Impunemanch l'ha spettaa senza fiadà.

"Ona vòlta," a la fin l'ha dii la Finta Bissa Scudelera cont on sospiron "mì seri ona vera Bissa Scudelera."

A stì paròll el gh'ha seguii on longh silenzi, interrompuu domà da on quai "Hjckrrh!" del Grifon e dal caragnà costant de la Finta Bissa Scudelera. L'Alìs l'era adree a levà sù e digh, "Grazie de la vòstra stòria interessanta," ma poeu la s'è convinta che doveva vessegh on quaicòss pussee, e inscì l'è restada settada quietta, senza dì nagòtt.

"Quand serom piscinitt," l'ha seguttaa finalment la Finta Bissa Scudelera, on poo pussee trada insema, ma semper frignolenta, "andavom a scoeula, al mar. La maestra l'era ona veggia Bissa Scudelera—e numm la ciamavom Tartaruga—"

"Perchè la ciamavov Tartaruga, se l'era minga tal e qual?" l'ha domandaa l'Alìs.

"La ciamavom Tartaruga perchè la ne insegnava a tartajà," l'ha dii la Finta Bissa Scudelera on poo malmostosa: "Lee l'è on poo curta de comprendòni!"

"La se dovaria vergognass de fà domand inscì sempi," l'ha giontaa el Grifon; e poeu hann faa citto, e tucc duu gh'hann fissaa cont i oeugg la poera Alìs che la pareva sprofondà sòtta terra. A la fin el Grifon l'ha dii a la Finta Bissa Scudelera, "Che la segutta, veggia amisa!" ma che la tira mia longa!" E inscì l'ha seguttaa con stì paròll:—

"Andavom a scoeula al mar, ancaben vialter ghe credii nò—"

"Hoo mai dii quell!" l'ha interrompida l'Alìs.

"Sicur che l'ha faa," l'ha tronaa la Finta Bissa Scudelera.

"Citto!" l'ha giontaa el Grifon prima che l'Alìs la podess ribatt. La Finta Bissa Scudelera l'ha seguttaa:

"Numm semm staa educaa pròppi ben—de fatt andavom a scoeula tucc i dì—"

"Anca mì andavi a scoeula tucc i dì," l'ha dii l'Alìs; "ghe nagòtt de vantass per inscì pòcch."

"E gh'avevov di extra?" l'ha domandaa la Finta Bissa Scudelera on poo ansiosa.

"Sì," l'ha responduu l'Alìs, "imparavom el frances e la musica."

"E a lavà?" l'ha dii la Finta Bissa Scudelera.

"Naturalment nò!" l'ha dii l'Alìs con la faccia scura.

"Ah! e donca la vòstra l'era minga ona bòna scoeula," l'ha dii la Finta Bissa Scudelera, come se la se sentiss trada sù. "In de la nòstra gh'era a la fin del programma: 'frances, musica e lavà—extra'."

"Ma ghe n'avevov minga de bisògn," l'ha dii l'Alìs, "vialter stavov de cà in fond al mar."

"Gh'hoo mai poduu imparall," l'ha giontaa la Finta Bissa Scudelera, cont on sospir. "Inscì hoo seguii domà i cors ordinari."

"Se la voeur dì?" l'ha domandaa l'Alìs.

"A inaspà e a stòrges tan per comincià," l'ha responduu la Finta Bissa Scudelera: "e poeu i different operazion de Aritmetica—Ambizion, Distrazion, Bruttificazion, e a Rid-Adree."

"Hoo mai sentii parlà de Bruttificazion," l'ha dii l'Alìs. "Cos'è che l'è?"

El Grifon l'ha traa sù in aria i dò sciamp in segn de sorpresa e l'ha esclamaa: "L'ha mai sentii parlà de Bruttificazion! Ma lee la sa cosa l'è la Bellificazion, nè?"

"Sicur," l'ha responduu l'Alìs cont di dubbi: "el voeur dì— fà diventà—on quaicòss—pussee bell."

"E donca," l'ha seguttaa el Grifon, "se lee la sa nò cosa el voeur dì Bruttificà l'è ona giavana."

L'Alìs la s'è sentida pù incoraggiada a fà di alter domand, inscì la s'è girada vers la Finta Bissa Scudelera e l'ha dii, "Che alter ròbb ve faseven imparà?"

"Allora, gh'era la Stòia," l'ha responduu la Finta Bissa Scudelera, intant che la cuntava cont i sò alètt—"la Stòia antiga e moderna, con la Girografia: poeu el Disdègn—el Maester de Disdegn l'era on veggia inguilla de mar, e la vegniva ona vòlta a la settimana: la ne insegnava el Disdegn, el Passagg, e la Frittura a Oeugg."

"E come l'era quella lì?" l'ha dii l'Alìs.

"Podaria minga mostralla, mì," l'ha responduu la Finta Bissa Scudelera, "mì son tutta d'on tòcch. E el Grifon l'ha mai imparada."

"Gh'hoo minga avuu temp," l'ha responduu el Grifon: "ma sont andaa dal maester de materii classich. L'era on vegg gamber."

"Mì son mai andada in de lù," l'ha dii la Finta Bissa Scudelera cont on sospir: "m'hann dii che l'insegnava Cadìn e Grev."

"Pròppi inscì," l'ha dii el Grifon, ch'el sospirava anca lù, e i dò besti gh'hann sconduu i mus intra i sciamp.

"Quanti or de lezion gh'avevov al dì?" l'ha dii pronta l'Alìs, per cambià soggett.

"Des or el primm dì," l'ha responduu la Finta Bissa Scudelera: "noeuv el second dì, e inscì in là."

"Che metod strani!" l'ha dii giò l'Alìs.

"Ma l'è questa la reson che je ciamen lezion," l'ha osservaa el Grifon: "perchè ciappen di lesion ògni dì e diventen semper meno."

"Questa chì l'era ona idea noeuva per l'Alìs, e la gh'ha pensaa sù on bell poo prima de dì on'altra ròba. "Allora hii faa vacanza el dì di vundes?"

"Naturalment," l'ha dii la Finta Bissa Scudelera.

"E cosa fasevov in quell di dodes?" l'ha dii tutta ciappada l'Alìs.

"Adèss basta cont i lezion," l'ha interrompuu el Grifon, con vos decisa. "Adèss cuntega sù on quaicòss di gioeugh."

C A P I T O L X

La Quadrilia
di Gamber

La Finta Bissa Scudelera l'ha sospiraa profondament, e la s'è passada ona aletta in sù i oeugg. L'ha vardaa l'Alìs e l'ha proaa a parlà, ma per on quai moment el sò luccià l'era pussee alt de la soa vos. "El par che la gh'abbia on òss in gola," l'ha dii el Grifon, che l'ha proaa a scorlilla e a picagh in sù la s'cena. A la fin la gh'è tornada la vos a la Finta Bissa Scudelera, e, cont i ganass pien de lacrim, l'ha seguttaa el discors:—

"Forsi vialter sii minga vivuu tan temp in sul fond del mar—" ("Mì nò de sicur," l'ha dii l'Alìs) "—e forsi l'è mai stada presentada a on Gamber—" (l'Alìs l'era squas adree a dì "Ona vòlta n'hoo tastaa vun—" ma la s'è fermada in temp, e l'ha dii, "Nò, mai") "—inscì che vialter se podii minga fà ona idea de la bellezza de la quadrilia di Gamber!"

"De fatt, nò," l'ha responduu l'Alìs. "Ma cosa l'è la quadrilia di Gamber?"

"A dì," l'ha dii el Grifon, "prima de tutt se forma ona linea i sù la spiaggia—"

"Dò linì!" l'ha vosaa la Finta Bissa Scudelera. "Fòcch, Biss Scudeler de mar, Salmon e besti compagn: poeu quand gh'avii nettaa la spiaggia da i medus—"

"E quell el fa perd on bell poo de temp," l'ha interrompuu el Grifon.

"—se va innanz de dò pass."

"Ògnidun cont on Gamber come compagn," l'ha vosaa el Grifon.

"De fatt!" l'ha dii la Finta Bissa Scudelera: "innanz de dò pass, posizionà el compagn—"

"—cambià el Gamber, e tornà indree a la stessa manera," l'ha seguttaa el Grifon.

"Poeu, la ved," l'ha dii la Finta Bissa Scudelera, "la tira el—"

"El Gamber!" l'ha vosaa el Grifon, cont on salt in aria.

"—ind el mar, con tutta la soa fòrza—"

"Poeu la ghe noa adree" l'ha sbragiaa el Grifon.

"La fa ona piroletta ind el mar!" l'ha vosaa la Finta Bissa Scudelera, che la saltasciava de chì e de là 'me 'na matta.

"Scambié i Gamber de noeuv!" l'ha sbragalaa el Grifon con tutta la soa vos.

"Tornii a terra de noeuv, e—questa chì l'è la prima figura," l'ha dii la Finta Bissa Scudelera, che l'ha sbassaa la vos tutt a on tratt; e i dò besti, che aveven saltaa compagn di matt fin a quell moment, s'hinn settaa giò de noeuv, quiett e magonent, e gh'hann vardaa a l'Alìs.

"La gh'ha de vess pròppi ona bella quadrilia, quella lì," l'ha dii l'Alìs, timida.

"Ghe piasaria vedenn voeuna?" l'ha domandaa la Finta Bissa Scudelera.

"Me piasaria tant," l'ha dii l'Alìs.

"E allora andèmm, femm la prima figura!" l'ha dii la Finta Bissa Scudelera al Grifon. "Poeudom falla anca senza i Gamber, la sa. Chi l'è ch'el canta?"

"La canta lee," l'ha dii el Grifon. "Mì me son desmentegaa i paròll."

E inscì gh'hann taccaa a ballà solenn intorna a l'Alìs, e ògni tant ghe pestaven i pee quand i se vesinava tròpp, e tegneven el temp con i sciamp, e intant la Finta Bissa Scudelera la cantava col magon e adasi adasi:—

*On Garbusell el gh'ha dii a la Lumaga—"Cammina pussee
lesta,*
ghe on Delfin Resonatt che la coa el me pesta!
I Biss Scudeler e i Gamber innanz vegnen content,
e spetten el segn per taccà con la danza ind on moment.
Vorii vialter, vorii vialter con numm danzà?
Vorii vialter, vorii vialter con numm danzà?

"Che bell e che delizia! innanz e indree andaremm
e tiraa ind el mar—compagn di Gamber saremm!"
Ma la Lumaga l'ha giontaa "Per mì l'è tròpp lontan saltà!
e donca poeudi minga con vialter chicchinscì danzà!"
Vorii vialter, vorii vialter con numm danzà?
Vorii vialter, vorii vialter con numm danzà?

"Se fà, se lontan gh'emm de 'ndà?" l'ha dii el Garbusell,
"De là ghe l'altra sponda—e el soeul l'è pussee bell;
Lontan d'Albion e visin a la Marianna se vesinom,
*Vess minga smòrta, Lumaghina, e danza con numm che se
divertom!"*
Vorii vialter, vorii vialter con numm danzà?
Vorii vialter, vorii vialter con numm danzà?

"Grazie tant! l'è pròppi ona bella quadrilia," l'ha dii l'Alìs,
contenta che l'era finida; "e poeu quell cantà curios del
Garbusell, el me pias pròppi tant!"

"A propòsit di Garbusei," l'ha dii la Finta Bissa Scudelera,
"lor hinn—lee i ha veduu ona quai vòlta, vera?"

"Sì," l'ha responduu l'Alìs, "i hoo veduu de spess a tao—"
e l'ha mandaa giò la fin de la paròla.

"Soo minga indoe l'è el Tao," l'ha dii la Finta Bissa
Scudelera, "ma se lee i ha veduu de spess, la sa come hinn."

"Credi de sì," l'ha responduu l'Alìs, pensierosa. "Gh'hann
la coa in bocca, e hinn tucc quattaa de pan grattaa."

"La se sbaglia cont el pan grattaa," l'ha giontaa la Finta Bissa Scudelera: "i freguj de pan sparisserien ind el mar. Ma però l'è vera che gh'hann la coa in bocca; e la reson l'è questa chì—" e chì la Finta Bissa Scudelera l'ha taccaa a sbadilià, e l'ha saraa i oeugg. "Ghe la diga lù la reson," l'ha domandaa al Grifon.

"El motiv l'è quesschì," l'ha dii el Grifon, "lor voreven andà al ball cont i Gamber; e inscì hinn staa buttaa ind el mar; e gh'hann faa ona piroletta tan longa che la coa la ghe s'è infilada in bocca, e hinn pù staa bon de tralla foeura. E questa l'è la stòria."

"Grazie," l'ha dii l'Alìs, "interessanta debon. Gh'hoo mai savuu inscì tanti ròbb in sù i Garbusei."

"Ghe poeudi dì anca pussee ròbb de quell, se la voeur," l'ha dii el Grifon, "lee la sà perchè ghe disen Garbusei?"

"M'el soo mai domandaa," l'ha dii l'Alìs. "Perchè?"

"Perchè fann i *scarp e i stivai*," l'ha responduu el Grifon, con fà de tutt rispett.

L'Alìs l'era confondida. "Fann i scarp e i stivai!" L'ha ripetuu sorprendida.

"Perchè, la pensa che hinn faa con cos'è i sò scarp?" l'ha domandaa el Grifon. "Me se intendi, cos'è che je fa diventà inscì sberlusent?"

L'Alìs i ha vardaa e la gh'ha pensaa sù on poo prima de dagh ona rispòsta. "Sberlusissen per el luster di scarp, pensi."

"I scarp e i stivai sòtta al mar," l'ha seguttaa el Grifon con vos greva, "hinn faa cont on Garbusell. Adèss le sa."

"E lor hinn faa de cos'è?" l'ha domandaa l'Alìs cont el tòno de voeuna che la cascia el nas depertutt.

"De soeuliòl e de pèss tacch, naturalment," l'ha responduu el Grifon, on poo senza pazienza: "ògni gamberett podaria avevèl dii."

"Se fudessi stada el Garbusell," l'ha dii l'Alìs, che la pensava anmò a la canzon, "gh'avaria dii al Delfin Resonatt, 'Tìres via de chì! Te voeurom minga con numm!'"

"Eren obbligaa a menassel adree," l'ha dii la Finta Bissa Scudelera. "Nissun pèss con comprendòni l'andaria in gir senza on Delfin Resonatt."

"Debon?" l'ha dii l'Alìs, sorprendida.

"Ma naturalment," l'ha dii la Finta Bissa Scudelera. "Perchè, se on pèss el vegn in de mì, e el me dis ch'el part per on viagg, mì ghe disaria, te resonatt se te vee cont on Delfin Resonatt?"

"El vorarà dì 'ragionatt'?" l'ha dii l'Alìs.

"Voeuri dì quell che voeuri dì," l'ha responduu la Finta Bissa Scudelera, on poo offendida. E el Grifon el gh'ha giontaa "Sù, fann sentì on poo dì tò avventur."

"Podaria cuntaven sù ona quaivoeuna a comincià da stamattina," l'ha dii timida l'Alìs: "ma l'è inutil cuntav sù qui de ier, perchè—ier seri tutta on'altra persòna."

"Che la ne spiega on poo quell che la intend," l'ha dii la Finta Bissa Scudelera.

"Nò, nò, prima i avventur," l'ha dii el Grifon ch'el stava pù in de la pell: "i spiegazion porten via semper tròpp temp."

E inscì l'Alìs l'ha cominciaa a cuntagh sù i sò avventur dal moment che l'aveva incontraa el Conili Bianch. L'era on poo nervosa al princippi, perchè i dò besti ghe staven taccaa adòss, a i sò fianch, cont i oeugg e i bocch sbarattaa, ma poeu l'ha ciappaa coragg e l'ha seguttaa. I sò scoltador hinn staa quiett fina che l'è rivada a la stòria del 'Pader Guglielm, tì te see vegg', che la gh'aveva cuntaa a la Camola, e i paròll ghe vegniven foeura tucc different da l'original, e donca la Finta Bissa Scudelera, cont on sospir profond, l'ha dii: "Curios debon!"

"L'è pussee strani de quell ch'el podeva vess," l'ha dii el Grifon.

"L'è vegnuda foeura tutta differenta!" la gh'ha giontaa la Finta Bissa Scudelera, dòpo vegh pensaa sora. "Me piasaria sentilla ripett on quaicòss adèss. Digh de comincià." E l'ha vardaa el Grifon, dato che la pensava ch'el gh'avess ona sòrta de autorità in sù l'Alìs.

"Che la leva sù," l'ha dii el Grifon, "e che la me ripeta '*La vos del fanigotton*'"

"Ma varda tì come comanden stì besti! e te fann ripètt i lezion!" l'ha pensaa l'Alìs. "L'è compagn se fudessi a scoeula." Impunemanch, l'è levada sù, e l'ha cominciaa a ripètt quella canzon; ma el sò coo l'era tan pien de Gamber e de Quadrili, che la saveva nò quell che la diseva, e i paròll hinn vegnuu foeura pròppi balzàn:—

"Questa l'è la vos del Gamber; mì hoo sentii dì
damm zuccher per i cavei, che tròpp te m'hee brustolii.
Come on aneda coi sò cili, lù el se varda i sò did
se giusta la senta, i botton, e tutt faa polit.
Quand la sabbia l'è sutta, content come on ratt
la dis pròppi tutta, compagn d'on gran matt
Ma quand la succed ona gran mareggiada
se scond e el caragna, se ghe dii on'oggiada."

"Ma questa chì l'è differenta da come la recitavi mì quan seri on fiolin," l'ha dii el Grifon.

"Mì l'hoo mai sentida prima," l'ha osservaa la Finta Bissa Scudelera, "ma me par on ròsc de farloccad."

L'Alìs l'ha dii nagòtt; ma l'è restada settada con la faccia scondida in di man e la pensava se mai i ròbb sarissen tornaa al sò pòst.

"Me piasaria se me la spiegass," l'ha dii la Finta Bissa Scudelera.

"L'è minga bòna de spiegalla," l'ha dii el Grifon: "che la vaga innanz cont el pròssim vers."

"Ma perchè el se varda i sò did?" l'ha rimarcaa la Finta Bissa Scudelera. "Come faseva a vardai, come l'Aneda la varda i sò cili?"

"L'è la prima posizion del ball," l'ha dii l'Alìs, ma l'era talment infesciada con quell argoment, che la vedeva minga l'ora de cambià soggett.

"Che la segutta cont el pròssim vers," l'ha ripetuu el Grifon: "el comincia con 'Son passaa dal giardin',"

L'Alìs la voreva nò disubbidì, anca se l'era sicura ch'el sariss vegnuu foeu on rebelòtt, ma impunemanch l'ha seguttaa con vos tremolenta:—

"Son passaa dal giardin, e veduu cont on oeugg,
'me on Lorocch e 'na Pantera faseven on boeucc
La Pantera l'ha brancaa carna e salsetta,
el lorocch cont el tond, n'ha ciappaa ona gran fetta.
Quan tutt l'è finii, el Lorocch tutt allegher,
gh'eva pù de color, diventaa l'era negher.
Col cortell la Pantera, la soa part l'ha tajaa
e el sò tòcch gran de carna, tutt intregh l'ha sbaffaa."

"Ma che reson gh'è de ripètt tutt sti baggianad?" l'ha interrompii la Finta Bissa Scudelera, "se la me spiega nò, intant che la va innanz? L'è on casòtt de stòria!"

"Sì, el sariss mej desmett," l'ha dii el Grifon, e l'Alìs l'è stada contenta de moccalla lì.

"Voeurom proà on'altra figura de la Quadrilia di Gamber?" l'ha seguttaa el Grifon. "O la preferiss ona canzon de la Finta Bissa Scudelera?"

"Oh, ona canzon, per piasè, se la Finta Bissa Scudelera l'è inscì gentil de cantammela," l'ha responduu l'Alìs, ma con tanta pressa che el Grifon l'ha dii offenduu: "Hm! parlom nò di gust! Che la ghe canta 'La Suppa de la Bissa Scudelera', la voeur, veggia amisa?"

La Finta Bissa Scudelera l'ha tiraa on gran sospir, e l'ha cominciaa, cont ona vos tutta caragnenta:—

"Bella suppetta, inscì ricca e gustosa,
che in de la pignatta te se nò malmostosa!
te vardi e me sògni i leccarderii,
che fuma, che buien, che vialter mangii.
    Beee—lla suuuu—ppetta!
    Beee—lla suuuu—ppetta!
Suuuu—ppetta de la zena,
    Bella, bella suppetta!"

"Bella suppetta! inscì piena de pèss
con verdura, scigoll e fasoeu ind el mezz.
Domà a pensatt me corr già l'acquetta,
de corr a la taola e sbafà la suppetta.
  Beee—lla suuuu—ppetta!
  Beee—lla suuuu—ppetta!
Suuuu—ppetta de la zena,
  Bella, bella SUPPETTA!"

"Bis, bis!" l'ha vosaa el Grifon, e la Finta Bissa Scudelera l'era lì lì per taccà de noeuv, quand la s'è sentida ona vos a la distanza: El process el comincia!"

"Andèmm, andèmm!" l'ha vosaa el Grifon, l'ha ciappaa per la man la tosetta e l'è cors via senza spettà la fin de la canzon.

"Che process?" l'ha domandaa l'Alìs, cont el fiadon, intant che correven, ma el Grifon l'ha domà responduu "andèmm!" e l'è cors via pussee de pressa, intant ch'el vent gh'è menava, semper pussee debol, l'eco lontan e magonent di paròll:—

 "Suuuu—ppetta de la zena,
  Bella, bella suppetta!"

CAPITOL XI

Chi ha Sgrafignaa i Tort?

*E*l Rè e la Regina eren settaa in sul tròno, circondaa da ona gran calca—usellitt, besti e tutt el mazz de cart de gioeugh: el Fant el stava denanz, incadenaa, cont on soldaa a la dritta e on alter a la manzina: arent al Rè gh'era el Conili Bianch, cont ona tromba ind ona man, e on ròtol de carta pegora in de l'altra. Ind el mezz de la cort gh'era ona taola, cont on gran tond pien de tort, che pareven inscì bòn, che a l'Alìs gh'hann faa corr l'acquetta in bocca—"Me piasaria ch'el process el podess finì de pressa," l'ha pensaa, "e ne servissen qui tort lì!" Ma consideraa che gh'era minga la speranza, allora l'ha cominciaa a vardass intorna, tan per fà passà el temp.

L'Alìs l'era mai stada ind on tribunal, ma n'aveva leggiuu on quaicòss in di liber, e l'era anca contenta che la conosseva squas tucc per nòmm lillinscì. "Quell lì l'è el giudes," la dii intra de lee, "perchè el gh'ha sù quella perruca."

El giudes, a propòsit, l'era el Rè, e dato ch'el portava la corona sora la perruca (vardé el frontespizzi per veghen on idea), l'era on poo imbarazzaa; l'è certa che la ghe andava minga tròpp ben.

"E quell lì l'è el segg di giuraa," l'ha pensaa l'Alìs, "e qui dodes creadur," (ghe toccava dì creadur, perchè ona quaivoeuna l'era ona bestia e di alter di usei), "credi che sien i giuraa." E l'ha ripetuu intra de lee stì paròll dò o trè vòlt, orgoliosa del sò savè, de già che la pensava, con reson, che ben pòcch tosann de la soa età saveven tucc stì ròbb.

I dodes giuraa eren tucc ciappaa a scriv giò in sù i lavagn. "Cosa hinn dree a fà?" la gh'ha bisbiliaa l'Alìs ind el oregg al Grifon. "Poeuden vegh nagòtt de marcà giò, perchè el process l'è nancamò cominciaa."

"Scriven giò i sò nòmm," l'ha dii sòtta vos el Grifon in rispòsta: "gh'hann pagura de desmentegasei prima ch'el process el sia finii."

"Che ròba stupida!" l'ha dii a alta vos indignada l'Alìs, ma l'ha faa subit citto perchè el Conili Bianch, l'ha esclamaa, "Silenzi in de la Cort!" e el Rè el s'è mettuu sù i oggiai e el s'è vardaa tutt intorna, per vedè chi l'è che l'era adree a parlà.

L'Alìs la vedeva inscì ben, come se la fudess stada dedree di sò spall, che scriveven giò "Che ròba stupida," in sù i lavagn, e l'ha poduu anca rendes cunt che vun de lor l'era minga bon de sillabà la paròla "stupida", e el ghe domandava al sò vesin come se faseva. "Che spegasciada che gh'avarann in sù la lavagna, prima ch'el process el sarà finii!" l'ha pensaa l'Alìs.

Vun di giuraa el gh'aveva on lapis ch'el scrizzava. L'Alìs, naturalment, el podeva minga soffrill, e inscì l'è girada intorna a la cort, l'è andada a i sò spall e prest l'ha brancaa l'occasion per toeughel via. L'ha faa inscì a la svelta ch'el poer piccol giuraa (l'era el Bill, la Luserta) el s'è nanca accorgiuu doe el lapis l'è finii; inscì, dòpo avè giraa de chì e de là per cercall, el s'è rassegnaa a scriv cont el did per tutt el rest del dì; e l'è servii a nagòtt dato che in sù la lavagna el marcava nò.

"Banditor, leggii l'att de accusa!" l'ha dii el Rè.

Allora el Conili Bianch l'ha sonaa la tromba tre vòlt, poeu l'ha dervii el ròtol de carta pegora, e l'ha leggiuu inscì:—

"La regina de coeur, l'ha faa di tort
in on dì d'estaa:
El Fant de coeur, l'ha sgrafignaa qui tort
e intregh je voreva mangià!"

"Valuté el verdett," l'ha dii el Rè ai giuraa.

"Minga inscì de pressa!" l'ha fermaa vivament el Conili Bianch. "Gh'hinn tanti ròbb de fà prima de quell!"

"Ciamé el primm testimòni," l'ha dii el Rè; e el Conili Bianch l'ha sonaa trè vòlt la tromba, e l'ha vosaa: "El primm testimòni!"

El primm testimòni l'era el Cappellee. El s'è presentaa cont ona chicchera de tè ind ona man e ona fetta de pan e buttér in de l'altra. "Domandi perdon, Vòstra Maestà," l'ha dii, "per vegnì con stì ròbb in di man; ma avevi nancamò finii de bev el tè, quand m'hann mandaa a ciamà."

"Doaria avell finii," l'ha responduu el Rè. "Quand l'ha cominciaa a bevel?"

El Cappellee l'ha vardaa la Legora Marziroeula che la gh'era vegnuda adree in Tribunal sòtta brasc cont el Sghiratt. "Credi, el quattòrdes de marz," l'ha dii.

"El quindes," l'ha dii la Legora Marziroeula.

"El sedes," l'ha dii el Sghiratt.

"Marché giò," el gh'ha dii el Rè a i giuraa, e questi chì s'hinn mettuu adree con premura a scriv i trè datt sora i lavagn, poeu i hann sommaa, e i hann cambiaa in franch e ghei.

"Ch'el se toeuva via el cappell," l'ha ordinaa el Rè al Cappellee.

"L'è minga el mè," l'ha responduu el Cappellee.

"*Robaa!*" l'ha esclamaa el Rè, intant che se girava vers i giuraa, che lest lest ciappaven nòta de l'att criminal.

"Je tegni per vendei," l'ha spiegaa el Cappellee. "Ghe n'hoo minga de mè. Sont on Cappellee."

Chì la Regina la s'è mettuda i oggiai, e l'ha vardaa el Cappellee con duu oeugg, che lù el s'è miss scaggia.

"Ch'el me daga la soa testimonianza," l'ha dii el Rè; "e ch'el gh'abbia minga pagura, se de nò ghe foo tajà el coo."

Stì paròll hann incoraggiaa el testimòni pròppi per el nagòtt: i gamb ghe faseven Giacom Giacom; el vardava ansios la Regina, e ind el sò imbalordiment el gh'ha daa ona sgagnada a la chicchera del tè, inscambi che a la fetta de pan e buttér.

Pròppi allora l'Alìs la gh'ha avuu ona strana sensazion, che l'ha impienida de sorpresa, fin a chè l'ha capii cosa l'era: La cominciava a cres de noeuv, e ind on primm moment l'ha pensaa de bandonà la cort; ma poeu a pensagh sora, l'ha deciduu de restà, almanch per vedè se gh'era bastanza spazzi per lee.

"Me piasaria se la ruzass minga inscì tant," l'ha dii el Sghiratt che l'era settaa arent. "Poeudi appena respirà."

"Poeudi nò fan a men," l'ha responduu amabil l'Alìs; "El ved, sont adree a cress."

"Lee la gh'ha nissun diritt de cress *chicchinscì*," l'ha vosaa el Sghiratt.

"Ch'el diga minga di giavanad," l'ha vosaa l'Alìs, "le sa! anca lù el cress."

"Sì, ma minga inscì tant," el gh'ha giontaa el Sghiratt: "mì cressi minga in quella manera ridicola." e barbottant l'è levaa sù e l'è andaa a settass da l'altra part de la cort.

"Intant la Regina la gh'aveva minga levaa de dòss i sò oggiad dal Cappellee, e intant ch'el Sghiratt el traversava el tribunal, lee la gh'ha ordinaa a vun di officiai de la cort, "Portémm la lista di cantant de l'ultim concert!" A stì paròll al Cappellee gh'è vegnuda ona tal tremaroeula che i scarp gh'hinn volaa via dai pee.

"Ch'el daga la soa testimonianza," l'ha ripetuu

orgolios el Rè, "o ve faroo tajà el coo, ch'el gh'abbia la tremaroeula o manch."

"Mì sont on poer òmm, Vòstra Maestà," l'ha cominciaa el Cappellee con vos tremolenta, "e hoo appena cominciaa cont el tè, minga pussee de ona settimana, e poeu ch'el dis del pan e buttér ch'el diventa semper pussee pòcch—e el tastà el tè—"

"El tastà cos'è?" l'ha dii el Rè.

"El *comincia* cont la te," l'ha ripetuu el Cappellee.

"Sicur che tastà el *comincia* con la T!" l'ha dii el Rè vivament. "El m'ha ciappaa per on martor? Ch'el segutta!"

"Mì sont on poer òmm," el Cappellee l'ha seguttaa, "e tucc i ròbb tastaven dòpo quell—domà la Legora Marziroeula l'ha dii—

"Mì l'hoo faa nò!" la Legora Marziroeula l'ha interrompii de colp.

"Te l'hee faa!" l'ha dii el Cappellee.

"El neghi!" l'ha dii la Legora Marziroeula.

"Le nega," l'ha dii el Rè: "ch'el lassa foeura quella part lì."

"Bòn, in ògni moeud," l'ha dii el Sghiratt—e el Cappellee el gh'ha daa on'oggiada ansiosa, per vedè se anca lù el negava; ma el Sghiratt l'ha negaa nagòtt, dato ch'el s'è subit indormentaa.

"Dòpo quell," l'ha seguttaa el Cappellee, "me son preparaa on'altra fetta de pan cont el buttér—"

"Ma 'se l'ha dii el Sghiratt?" l'ha domandaa vun di giuraa.

"Quell me s'el regordi nò," l'ha dii el Cappellee.

"Lù el se *doaria* regordass," l'ha dii giò el Rè, "se de nò ghe foo tajà el coo."

El Cappellee, da veghen compassion, l'ha faa borlà giò la chicchera, el pan cont el buttér e el s'è mettuu a genoggion per terra, e l'ha cominciaa: "Maestà sont on poer òmm!"

"L'è on poer orador," l'ha dii el Rè.

Chì on Porscellin d'India l'ha battuu i man, ma subit l'è staa soppress da i officiai de la cort (E de seguit come hann faa: gh'hann ciappaa on sacch de canov, saraa de ona part cont ona còrda; gh'hann casciaa dent el Porscellin d'India a coo in giò, e poeu s'hinn settaa sora.)

"Son contenta d'avè veduu com'hann faa," l'ha pensaa l'Alìs. "Hoo leggiuu tanti vòlt in di giornai, a la fin di process, 'Gh'è staa on tentativ de batt i man, che l'è staa subit soppress da i officiai de la cort,' e savevi nò s'el voreva dì, fin adèss."

"Se quesschì l'è tutt quell ch'el sa, el poeu andà giò," l'ha seguttaa el Rè.

"Ma poeudi nò andà pussee in bass," l'ha dii el Cappellee: "Son giamò in sul paviment, me par."

"Allora el se poeu settass," l'ha responduu el Rè.

Chì on alter Porscellin d'India l'ha battuu i man, e l'è staa soppress.

"Bòn, adèss de Porscellin d'India ghe n'è pù!" l'ha pensaa l'Alìs, "e donca la podarà andà mej."

"Puttòst el me piasaria finì el mè tè," l'ha dii el Cappellee, intant ch'el vardava ansios la Regina, che l'era adree a legg la lista di cantant.

"El poeu andà," l'ha dii el Rè, e el Cappellee l'è scappaa via de pressa dal tribunal, senza nanca mett sù i sò scarp.

"—e tajégh el coo de foeura," la gh'ha giontaa la Regina a vun di officiai; ma el Cappellee l'era sparii de vista, prima che l'official el podess rivà a la pòrta.

"Ciamé l'alter testimòni!" l'ha vosaa el Rè.

L'era la coeuga de la Duchessa. La gh'aveva el salin del pever in di man, e l'Alìs l'ha indovinaa chi l'era prima anmò che l'andass dent in de la cort, de già che tutta la gent che la stava visin a la pòrta l'ha taccaa a sternudì.

"Che la daga la soa testimonianza," l'ha dii el Rè.

"Nò," l'ha responduu la coeuga.

El Rè l'ha vardaa con ansia el Conili Bianch che l'ha mormoraa, "Maestà, esaminé vu *questa chì*."

"Bòn, se gh'hoo de fall, el faroo," l'ha dii el Rè con aria de magon, e dòpo avè incrosaa i brasc e daa on'oggiada scura a la coeuga, l'ha dii con vos profonda, "Hinn faa sù con cos'è i tort?"

"De pever, per la maggiora," l'ha responduu la coeuga.

"De melassa," la gh'ha giontaa ona vos sognorenta dedree de lee.

"Branché quell Sghiratt!" l'ha vosaa la Regina. "Tajégh el coo! Foeura de la cort quell Sghiratt! Sopprimìll! Pizzighél! Streppégh i barbis!"

"Per on quai moment el gh'è staa on gran bordelleri in de la cort, intant che ciappaven el Sghiratt; e quand l'ordin l'è staa ristabilii, la coeuga l'era sparida.

"El fa nagòtt!" l'ha dii el Rè, ch'el sera traa sù de moral. "Ciamé l'alter testimòni." E l'ha bisbiliaa a l'oregg de la Regina: "Mè cara, doariss esaminà *vu* l'alter testimòni."

L'Alìs la ghe vardava al Conili Bianch ch'el ripassava la lista, tutta curiosa de vedè chi el sariss staa l'alter testimòni—"perchè *fin adèss* de proeuv ghe n'hann nò," la diseva intra de lee. Figuréves la soa sorpresa, quand el Conili Bianch l'ha ciamaa con la soa vos sbragalada "Alìs!"

CAPITOL XII

La Testimonianza de l'Alìs

"Son chì!" l'ha responduu l'Alìs, e dato che la s'era desmentegada che in di ultim minutt l'era cressuda foeura de misura, l'è saltada sù inscì d'on bòtt che cont el contorna de la soa sòcca l'ha voltaa sòttsora el palchett di giuraa, inscì che la gh'ha faa fà ona tòma adòss a tutta la calca che la stava de sòtta, e lor hinn restaa lillinscì a gamb per aria. Stà ròba la gh'ha faa vegnì in ment come l'aveva faa borlonà giò la vaschetta di pessitt, la settimana prima.

"Oh, ve preghi de scusamm!" l'ha dii giò con vos de ingòssa, e l'ha cominciaa a trai sù pussee de pressa che la podeva, perchè ind el sò coo la seguttava a pensà ai pessitt ch'eren borlaa giò, e la pensava che se la faseva minga in temp a cattai sù e mettei de noeuv in sul palchett di giuraa, sarissen mòrt anca lor.

"El process el poeu minga andà innanz!" l'ha dii el Rè con vos greva, "fin a che tucc i giuraa sarann minga tornaa a i sò pòst—e disi *tucc*," el gh'ha giontaa con importanza, intant ch'el vardava l'Alìs serios.

L'Alìs l'ha vardaa el palchett di giuraa, e l'ha veduu che in de la pressa, l'aveva mettuu la Luserta cont el coo in giò, inscì che la poaretta la menava la coa che la faseva compassion, perchè la podeva nò moeuves. L'ha trada foeura subit e l'ha mettuda giò in manera giusta; "minga ch'el faga tutta quella differenza," l'ha dii intra de lee, "de già che cont el coo in giò o al sò pòst el farà minga ona gròssa differenza ind el process."

Appena i giuraa s'hinn tiraa sù dal colp che gh'è vegnuu per el disaster, e quand s'hinn troaa de noeuv i sò lavagn e i lapis e gh'i hann daa indree, lor s'hinn mettuu a scriv giò la stòria de l'incident. Tucc men la Luserta che, anmò rintronada, la settava a bocca averta e la vardava el plafon de la cort.

"Cosa la sa lee de sto affar?" l'ha domandaa el Rè a l'Alìs.

"Nagòtt," l'ha responduu lee.

"Nagòtt *a bon cunt*?" l'ha dii a repetton el Rè.

"Nagòtt a bon cunt," la gh'ha giontaa l'Alìs.

"Questa ròba l'è pròppi importanta," l'ha dii el Rè, intant ch'el ghe parlava ai giuraa. Lor eren adree a scrivel giò in sù i lavagn, quand el Conili Bianch i ha fermaa: "Important-*nò*, l'è quest el significaa di paròll de Vòstra Maestà," l'ha dii el Conili Bianch con vos rispettosa, ma scur in faccia e che faseva di brutt cer intant ch'el parlava.

"Important-*nò*, naturalment, quell che vorevi dì," l'ha giontaa el Rè de pressa; e poeu el s'è mettuu adree a recità intra i dent, "important—important nò—important nò—important," compagn s'el voress sentì quai di dò paròll la sonass mej.

Quaivun di giuraa hann marcaa giò "important", e di alter "important nò." L'Alìs podeva vedèll, de già che l'era visina a lor a la ghe reussiva a sbarloggià in sù i lavagn; "Ma el fa nagòtt," l'ha pensaa intra de lee.

Allora el Rè che l'era staa ciappaa a scriv giò in sul sò nòtes, l'ha vosaa "Silenzi!" e l'ha leggiuu dal sò librett "Regola quarantaduu. *Ògni persòna, pussee alta de ona mia, la gh'ha de lassà el tribunal.*"

Tucc gh'hann vardaa a l'Alìs.

"Mì son minga alta ona mia," l'ha dii l'Alìs.

"Sicur che l'è alta inscì," l'ha responduu el Rè.

"Squas dò mia de altezza," la gh'ha giontaa la Regina.

"A bon cunt, me interessa nagòtt, e donca voo minga via," l'ha dii l'Alìs,"dessorapù quella lì l'è nò ona regola regolara; l'hii inventada vialter adèss adèss."

"Cos'è! l'è la regola pussee veggia ind el liber," l'ha responduu el Rè.

"Allora la doaria vess la regola Numer Vun," l'ha dii l'Alìs.

El Rè l'è sbiancaa e l'ha saraa sù subit el nòtes. "Decidì el vòster verdett," l'ha dii, intant ch'el vardava i giuraa, ma cont ona vos bassa e tremolenta.

"Maestà gh'hinn di alter testimonianz," l'ha dii el Conili Bianch, che l'era saltaa in pee. "Giust adèss emm troaa quell foeuj chì."

"Cosa gh'è denter?" l'ha domandaa la Regina.

"L'hoo nancamò avert," l'ha dii el Conili Bianch, "ma la me par ona lettera, scrivuda dal presonee a—a on quaivun."

"El gh'ha de vess inscì," l'ha dii el Rè, "a meno che l'è stada scrivuda a nissun, che l'è minga ona ròba normala, normalment."

"A chi l'è indirizzada?" l'ha domandaa vun di giuraa.

"Gh'è sù nissun indirizzi," l'ha dii el Conili Bianch: "de fatt gh'è scrivuu sù nagòtt *del de foeura*." E intant ch'el parlava l'ha dervii el foeuj, e l'ha giontaa, "l'è minga ona lettera, dòpo tutt; l'è ona fila de vers."

"Hinn marcaa giò in de la scrittura del presonee?" l'ha domandaa on alter di giuraa.

"Nò, me par de nò," l'ha responduu el Conili Bianch, "e l'è questa chì la ròba pussee strana de tutt." (I giuraa se vardaven in confusion).

"Forsi lù l'ha tentaa de imità la scrittura d'on quaivun d'alter," l'ha dii el Rè (e chì i giuraa hinn tornaa seren).

"Ch'el me permetta Maestà," l'ha dii el Fant, "i hoo minga scrivuu mì, e lor poeuden minga proà el contrari: gh'è nissuna firma in fond."

"El fatt che gh'è minga ona firma," l'ha responduu el Rè, "el proeuva dò vòlt el sò delitt. Lù el *doveva* vegh l'intenzion de combinà on quaicòss, se de nò, da galantòmm l'avaria firmà el foeuj."

Tucc gh'hann battuu i man, e con reson, de già che quella lì l'era la prima ròba intelligenta ch'el Rè l'avess dii in tutta la giornada.

"E quell el *proeuva* el sò delitt," l'ha esclamaa la Regina.

"Quell lì el proeuva pròppi nagòtt!" l'ha dii l'Alìs. "Vialter savii nanca cosa disen i vers in sul foeuj!"

"Leggìll," l'ha dii el Rè.

El Conili Bianch el s'è mettuu i oggiai, e l'ha domandaa: Maestà, doe gh'hoo de comincià?"

"Ch'el comincia dal princippi," l'ha dii el Rè con vos de tutt rispett, "e ch'el segutta fin al la fin: e poeu ch'el se ferma."

In de la cort gh'era on silenzi de tomba, e el Conili Bianch l'ha leggiuu stì vers chì:—

"M'hann dii che te see staa in de lee,
e trà a man che t'hee parlaa de mì a lù:
La m'ha dii che podevi da lee andà,
e mì gh'hoo dii che savevi nò noà.

"Lù l'ha dii in gir che seri minga andaa
(E l'è pur vera che tucc le sa):
Ma se lee la ròba anmò la ruzarà,
De tì medèmm cos'è che succedarà?

Ghe n'hoo daa vun, ghe n'hann daa duu,
Te n'hee daa trii, anca pussee;
Eppur lor eren mè e adèss hinn pù,
e lor ti ha tornaa indree.

Anmò se mì o lee podessom,
in quest affar ciappaa;
pensà ch'el liberassom,
compagn come semm staa.

La ròba che hoo capii
(prima che lee l'ha dii)
l'ostacol ch'emm patii
Lù, numm e anca tì.

Fagh mia savè che a lee ghe pias pussee,
De già ch'el gh'ha de vess
segrett, l'è mai assee
Sconduu in di nòst pensee."

"Questa chì l'è la proeuva pussee importanta che gh'emm contra l'accusaa," l'ha dii el Rè, e intant el se sfregava i man; "donca, adèss ai giuraa—"

"Se vun de lor el podess spiegass," l'ha dii l'Alìs (che l'era cressuda talment tant in di ultim minutt, che la gh'aveva pù pagura de interromp el Rè), "ghe daria cinquanta ghei. Mì credi che ghe sia nanca on ciccinin de bonsens."

I giuraa hann marcaa giò tucc in sù i lavagn, "Lee la cred che ghe sia nanca on ciccinin de bonsens," ma nissun l'ha cercaa de spiegà el sens de quell foeuj.

"Se gh'è minga on bonsens," l'ha dii el Rè, "el ne tira foeu da on infesc, almanch gh'emm pù de bisògn de troall. Eppur savaria nò," l'ha seguttaa e l'ha dervii el foeuj in sul genoeugg, e sbirciaa i vers cont on oeugg; "me par de vedegh on significaa in di paròll, dòpo tutt. '—e mì gh'hoo dii che savevi nò noà—' lù l'è minga bon de noà, vera?" l'ha seguttaa, intant che ghe vardava al Fant.

El Fant l'ha scorlii el coo, e l'ha dii, "ghe par che son bon de fall?" (E sicur de nò, perchè l'era tutt faa sù de carton).

"Va ben allora, per adèss," l'ha dii el Rè, e l'ha seguttaa a farfuià i vers intra de lù: "'*E l'è pur vera che tucc le sa'*—gh'ha de vess la giuria, natural—'*Ma se lee la ròba anmò la ruzarà'*—quella la gh'ha de vess la Regina—'*De tì medèmm cos'è che succedarà?'*—Me se domandi cos'è!—'*Ghe n'hoo daa vun, ghe n'hann daa duu'*—perchè, quell gh'ha de vess quell che l'ha faa cont i tort—"

"Ma la continoa con '*Eppur lor eren mè e adèss hinn pù'*," l'ha dii l'Alìs.

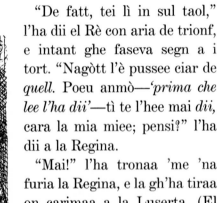

"De fatt, tei lì in sul taol," l'ha dii el Rè con aria de trionf, e intant ghe faseva segn a i tort. "Nagòtt l'è pussee ciar de *quell*. Poeu anmò—'*prima che lee l'ha dii*'—tì te l'hee mai *dii*, cara la mia miee; pensi?" l'ha dii a la Regina.

"Mai!" l'ha tronaa 'me 'na furia la Regina, e la gh'ha tiraa on carimaa a la Luserta. (El poer Bill l'aveva desmettuu de scriv cont on did in sù la lavagna, de già ch'el s'era accorgiuu ch'el marcava nagòtt; ma adèss l'ha

ricominciaa, cont el inciòster ch'el ghe colava in sul musett, fintant ch'el durava.)

"E donca lee l'ha minga *dii* i paròll," l'ha rimarcaa el Rè ch'el vardava la cort cont el sorris in sù i laver. Gh'era on silenzi de tomba.

"L'è on gioeugh de paròll!" l'ha dii de noeuv el Rè, con vos inrabida, e tucc allora hann taccaa a rid. "Lassé che i giuraa rifletten in sul verdett," L'ha rimarcaa per la vintesima vòlta in quel dì el Rè.

"Nò, nò!" l'ha dii la Regina. "Sentenza prima—verdett dòpo."

"Ma che stupidada l'è!" l'ha dii l'Alìs a vos alta. "L'idea de dà ona sentenza prima!"

"Citto lee!" l'ha dii la Regina che l'era diventada rossa de la rabbia.

"Mì foo minga citto!" l'ha dii l'Alìs.

"Tajégh el coo!" l'ha criaa la Regina con tutta la vos che la gh'aveva in gola. Ma nissun el s'è mòss.

"Chi l'è che gh'ha stima per vu?" l'ha dii l'Alìs "che adèss l'era cressuda a la soa altezza normal). "Vu sii nient'alter che on mazz de cart de gioeugh!"

Appena l'ha dii stì paròll tutt el mazz l'è volaa per aria, e el s'è roversaa sora la tosetta; lee l'ha tiraa on piccol sgar, mezz de pagura e mezz de rabbia, e l'ha proaa a ruzai indree, ma tutt a on tratt la s'è ritroada in sul dòss, cont el coo poggiaa in sul scòss de la soa sorella, che la ghe tirava via gentilment ona quai foeuja secca che l'era crodada giò dai piant in sù la soa faccia.

"Dessèdes, Alìs cara!" l'ha dii la sorella. "Che dormidona che t'hee faa!"

"Oh, hoo faa on sògn inscì strani!" l'ha dii l'Alìs. E la gh'ha cuntaa sù a la sorella, mej che la podeva regordà, tucc i strani avventur che avii leggiuu fin adèss; e quand l'ha finii, la soa sorella la gh'ha daa on basin, e la gh'ha dii "L'è staa pròppi on sògn bell curios, mia cara: ma adèss corr a bev el tò tè; l'è già tard." E inscì, l'Alìs l'è levada sù, e la s'è inviada, e intant la pensava al sògn straordinari che l'aveva faa.

Ma la sorella l'è restada lillinscì, cont el coo poggiaa ai man, tutta ciappada a vardà el sô ch'el se sbassava, e la pensava a la soa piccola Alìs e a tucc i sò avventur meravilios, fin a che l'ha cominciaa a asoppiss, e l'ha sognaa on quaicòss compagn:—

Prima de tutt l'ha sognaa la piccola Alìs:—cont i sò manitt delicaa e poggiaa in sù i sò genoeugg, e cont i sò bei oeugg sberlusent che la vardaven. La podeva sentì el son de la soa vos, e vedè quell strani agitass del sò coo quand la tirava indree i cavei che ghe borlaven in sù i oeugg—e intant che la scoltava, o ch'el pareva che le fasess, tutt el loeugh intorna a lee el s'è animaa, con tucc i stran creadur incontraa ind el sògn de la soa sorellina.

L'erba longa la ghe flusciava sora i pee, intant ch'el Conili Bianch el correva visin—el Moriggioeu stremii el saltava ind el fontanin arent—la podeva sentì el cioccà di chiccher, intant che la Legora Marziroeula e i sò amis eren adree cont el sò pasteggià senza fin—la sentiva i sgar de la Regina che la mandava i sò invidaa al patibol—ona vòlta anmò el fiolin porscellin ch'el sternudiva in sù i genoeugg de la Duchessa, intant che i tond e i pignatt volaven in gir—anca ona vòlta el vosà del Grifon, el scrizzà del lapìs de la Luserta, la soppression di Porscelitt d'India, tutt in de l'aria, mes'ciaa cont el luccià distant de la Finta Bissa Scudelera.

E inscì la s'è settada, cont i oeugg saraa, e squas l'ha creduu de vess davvera ind el Paes di Meravili; ancaben la savess che, se la derviva i oeugg, la se saria troada anmò in de la monòtona realtà—l'erba l'avaria domà flusciaa ind el vent, el stagn increspaa dal moeuves di cann—el cioccà di chiccher el saria mudaa ind el son di campanitt di pegor, e i sgar de la Regina in de la vos del pegoree—i sternud del fiolin, el vosà del Grifon, e tucc i alter strani rumor, sarien cambiaa (l'era sicura) ind el bordelleri confus d'ona fattoria—la muggiada del bestiamm l'avaria ciappaa el pòst del luccià de la Finta Bissa Scudelera.

Per ultim, la s'è immaginada come la soa sorellina, passaa el temp, la saria cressuda e diventada ona dòna; e come l'avaria mantegnuu, in di sò ann madur, el sò bon coeur de tosetta; e come l'avaria ciamaa intorna a lee di alter fiolitt piscinitt, e faa sberlusì i sò oeugg de lor cont i sò stòri bizzar, e forsi anca cont el sògn del Pais di Meravili de tant ann prima; e come con tanta sempi tenerezza l'avaria spartii i sò cruzzi innocent, con quanta contentezza i sò giòi, regordand la soa gioinezza, e i bei dì d'estaa.

Alice's Adventures in Wonderland, by Lewis Carroll 2008

Through the Looking-Glass and What Alice Found There,
by Lewis Carroll 2009

A New Alice in the Old Wonderland,
by Anna Matlack Richards, 2009

New Adventures of Alice, by John Rae, 2010

Alice Through the Needle's Eye, by Gilbert Adair, 2012

Wonderland Revisited and the Games Alice Played There,
by Keith Sheppard, 2009

Alice's Adventures under Ground, by Lewis Carroll 2009

The Nursery "Alice", by Lewis Carroll 2010

The Hunting of the Snark, by Lewis Carroll 2010

The Haunting of the Snarkasbord, by Alison Tannenbaum,
Byron W. Sewell, Charlie Lovett, and August A. Imholtz, Jr, 2012

Snarkmaster, by Byron W. Sewell, 2012

In the Boojum Forest, by Byron W. Sewell, 2014

Murder by Boojum, by Byron W. Sewell, 2014

Alice's Adventures in Wonderland,
Retold in words of one Syllable by Mrs J. C. Gorham, 2010

ᐊᒻᐟᔭ ᐊᑦᐅᐃᒼᐊᕈᐟ ᐃᓄ ᐃᕈᐊᕈᐊᒐᓄᒧ,
Alice printed in the Deseret Alphabet, 2014

ᚻᛚ ᚻᛚᚲᚻ ᛃ ᚻᚱᛒᚻ ᛣᛣᛁᚻᛁᛃ ᛃᚱᛣ ᛣᛁᛒᛣᚱᚻᛁᛚ ᚻᛣᚱ,
Alice printed in the Ewellic Alphabet, 2013

'Ælɪsɪz Əd'ventʃəz ɪn 'Wʌndə,lænd,
Alice printed in the International Phonetic Alphabet, 2014

Alisʼz Advenĕrz in Wundrland,
Alice printed in the Ñspel orthography, 2015

˙.ᒷ˙ᒷ ᒷ˥ᒐᒣ ˙.ᒑ˸˙ᒣᒍᒐˑˑᒐˉᒣ ˙ᒷ ˙ᒍᒍᒑˉᒐᒣ
ᒷ ˙.ᒍᒣ, *Alice* printed in the Nyctographic Square Alphabet, 2011

ᴊᴄɪ∫ˈɪᴢ ᴦᴌᴦᴜ˥ʜᴏᴢ ɪɪ ˙ᴊᴜ˥ᴘᴄᴊᴌ,
Alice printed in the Shaw Alphabet, 2013

ALISIZ ADVENCERZ IN WUNDRLAND,
Alice printed in the Unifon Alphabet, 2014

Elucidating Alice: A Textual Commentary on *Aliceʼs Adventures in Wonderland*, by Selwyn Goodacre, 2015

Behind the Looking-Glass: Reflections on the Myth of Lewis Carroll, by Sherry L. Ackerman, 2012

Clara in Blunderland, by Caroline Lewis, 2010

Lost in Blunderland: The further adventures of Clara, by Caroline Lewis, 2010

John Bullʼs Adventures in the Fiscal Wonderland, by Charles Geake, 2010

The Westminster Alice, by H. H. Munro (Saki), 2010

Alice in Blunderland: An Iridescent Dream, by John Kendrick Bangs, 2010

Rollo in Emblemland, by J. K. Bangs & C. R. Macauley, 2010

Gladys in Grammarland, by Audrey Mayhew Allen, 2010

Alice's Adventures in Pictureland,
by Florence Adèle Evans, 2011

Eileen's Adventures in Wordland, by Zillah K. Macdonald, 2010

Phyllis in Piskie-land, by J. Henry Harris, 2012

Alice in Beeland, by Lillian Elizabeth Roy, 2012

The Admiral's Caravan, by Charles Edward Carryl, 2010

Davy and the Goblin, by Charles Edward Carryl, 2010

Alix's Adventures in Wonderland:
Lewis Carroll's Nightmare, by Byron W. Sewell, 2011

Áloþk's Adventures in Goatland, by Byron W. Sewell, 2011

Alice's Bad Hair Day in Wonderland,
by Byron W. Sewell, 2012

The Carrollian Tales of Inspector Spectre,
by Byron W. Sewell, 2011

Alice's Adventures in An Appalachian Wonderland,
Alice in Appalachian English, 2012

Alice tu Vãsilia ti Ciudii, *Alice* in Aromanian, 2015

Алесіны прыгоды ў Цудазем'і, *Alice* in Belarusian, 2013

Ahlice's Aveenturs in Wunderlaant,
Alice in Border Scots, 2015

Alice's Mishanters in e Land o Farlies,
Alice in Caithness Scots, 2014

Crystal's Adventures in A Cockney Wonderland,
Alice in Cockney Rhyming Slang, 2015

Aventurs Alys in Pow an Anethow, *Alice* in Cornish, 2015

Alice's Ventures in Wunderland, *Alice* in Cornu-English, 2015

Alices Hændelser i Vidunderlandet, *Alice* in Danish, 2015

La Aventuroj de Alicio en Mirlando,
Alice in Esperanto, by E. L. Kearney, 2009

La Aventuroj de Alico en Mirlando,
Alice in Esperanto, by Donald Broadribb, 2012

Trans la Spegulo kaj kion Alico trovis tie,
Looking-Glass in Esperanto, by Donald Broadribb, 2012

Les Aventures d'Alice au pays des merveilles,
Alice in French, 2010

Alice's Abenteuer im Wunderland, *Alice* in German, 2010

Alice's Adventirs in Wunnerlaun,
Alice in Glaswegian Scots, 2014

Balþos Gadedeis Aþalhaidais in Sildaleikalanda,
Alice in Gothic, 2015

Nā Hana Kupanaha a ʻAleka ma ka ʻĀina Kamahaʻo,
Alice in Hawaiian, 2012

Ma Loko o ke Aniani Kū a me ka Mea i Loaʻa iā ʻAleka ma
Laila, *Looking-Glass* in Hawaiian, 2012

Aliz kalandjai Csodaországban, *Alice* in Hungarian, 2013

Eachtraí Eilíse i dTír na nIontas,
Alice in Irish, by Nicholas Williams, 2007

Lastall den Scáthán agus a bhFuair Eilís Ann Roimpi,
Looking-Glass in Irish, by Nicholas Williams, 2009

Eachtra Eibhlís i dTír na nIontas,
Alice in Irish, by Pádraig Ó Cadhla, 2015

Le Avventure di Alice nel Paese delle Meraviglie,
Alice in Italian, 2010

L's Aventuthes d'Alice en Êmèrvil'lie, *Alice* in Jèrriais, 2012

L'Travèrs du Mitheux et chein qu'Alice y dêmuchit,
Looking-Glass in Jèrriais, 2012

Las Aventuras de Alisia en el Paiz de las Maraviyas,
Alice in Ladino, 2014

Alisis pīdzeivuojumi Breinumu zemē, *Alice* in Latgalian, 2015

Alicia in Terra Mirabili, *Alice* in Latin, 2011

Aliciae per Speculum Trānsitus (Quaeque Ibi Invēnit),
Looking-Glass in Latin, 2014

Alisa-ney Aventuras in Divalanda,
Alice in Lingua de Planeta (Lidepla), 2014

La aventuras de Alisia en la pais de mervelias,
Alice in Lingua Franca Nova, 2012

Alice ehr Eventüürn in't Wunnerland,
Alice in Low German, 2010

Contoyrtyssyn Ealish ayns Çheer ny Yindyssyn,
Alice in Manx, 2010

Ko ngā Takahanga i a Ārihi i te Ao Mīharo,
Alice in Māori, 2015

Dee Erläwnisse von Alice em Wundalaund,
Alice in Mennonite Low German, 2012

The Aventures of Alys in Wondyr Lond,
Alice in Middle English, 2013

L'Aventuros de Alis in Marvoland, *Alice* in Neo, 2013

Ailice's Anters in Ferlielann, *Alice* in North-East Scots, 2012

Æðelgýðe Ellendǽda on Wundorlande,
Alice in Old English, 2015

Die Lissel ehr Erlebnisse im Wunnerland,
Alice in Palantine German, 2013

Соня въ царствѣ дива: Sonja in a Kingdom of Wonder,
Alice in Russian, 2013

Ia Aventures as Alice in Daumsenland,
Alice in Sambahsa, 2013

'O Tāfaoga a 'Ālise i le Nu'u o Mea Ofoofogia,
Alice in Samoan, 2013

Eachdraidh Ealasaid ann an Tir nan Iongantas,
Alice in Scottish Gaelic, 2012

Alice's Adventchers in Wunderland, *Alice* in Scouse, 2015

Alice's Adventirs in Wonderlaand, *Alice* in Shetland Scots, 2012

Alice Munyika Yamashiripiti, *Alice* in Shona, 2015

Ailice's Àventurs in Wunnerland,
Alice in Southeast Central Scots, 2011

Alices Äventyr i Sagolandet, *Alice* in Swedish, 2010

Ailis's Anterins i the Laun o Ferlies,
Alice in Synthetic Scots, 2013

ʻAlisi ʻi he Fonua ʻo e Fakaofoʻ, *Alice* in Tongan, 2014

Alice's Carrànts in Wunnerlan, *Alice* in Ulster Scots, 2013

Der Alice ihre Obmteier im Wunderlaund,
Alice in Viennese German, 2012

Ventürs jiela Lälid in Stunalän, *Alice* in Volapük, 2015

Lès-avirètes da Alice ô payis dès mèrvèyes,
Alice in Walloon, 2012

Anturiaethau Alys yng Ngwlad Hud, *Alice* in Welsh, 2010

I Avventur de Alis ind el Paes di Meravili,
Alice in Western Lombard, 2015

Alison's Jants in Ferlieland, *Alice* in West-Central Scots, 2014

Di Avantures fun Alis in Vunderland, *Alice* in Yiddish, 2015

U-Alice Ezweni Lezimanga, *Alice* in Zulu, 2014

Lightning Source UK Ltd.
Milton Keynes UK
UKOW04f0657300715

256076UK00001B/88/P